科技创新丛书

徐 旭 / 主　编
施利毅 陈秋玲 / 执行主编

INSTITUTIONAL ENVIRONMENT AND HIGH-TECH DEVELOPMENT

制度环境与高技术产业发展

尤瑞玲 ◎ 著

经济管理出版社
ECONOMY & MANAGEMENT PUBLISHING HOUSE

图书在版编目（CIP）数据

制度环境与高技术产业发展/尤瑞玲著. —北京：经济管理出版社，2019.5
ISBN 978-7-5096-6574-9

Ⅰ.①制… Ⅱ.①尤… Ⅲ.①高技术产业—产业发展—研究—中国 Ⅳ.①F279.244.4

中国版本图书馆 CIP 数据核字（2019）第 081513 号

组稿编辑：张　艳
责任编辑：张　艳　张莉琼
责任印制：梁植睿
责任校对：陈晓霞

出版发行：经济管理出版社
　　　　　（北京市海淀区北蜂窝 8 号中雅大厦 A 座 11 层　100038）
网　　址：www.E-mp.com.cn
电　　话：（010）51915602
印　　刷：北京晨旭印刷厂
经　　销：新华书店
开　　本：720mm×1000mm/16
印　　张：10.75
字　　数：175 千字
版　　次：2019 年 6 月第 1 版　2019 年 6 月第 1 次印刷
书　　号：ISBN 978-7-5096-6574-9
定　　价：49.00 元

·版权所有　翻印必究·

凡购本社图书，如有印装错误，由本社读者服务部负责调换。
联系地址：北京阜外月坛北小街 2 号
电话：（010）68022974　　邮编：100836

《科技创新丛书》编委会

主　　编：徐　旭

执行主编：施利毅　陈秋玲

编 委 会：（以姓氏拼音为序）

　　　　　李骏阳　聂永有　施　鹰　孙继伟

　　　　　殷　凤　尹应凯　曾　军　朱晓锦

总 序

从世界范围来看，科技创新已成为推动经济社会发展的主要力量。全球科技创新呈现出五个特点：一是科技创新战略地位得到提升，已经成为促进国家或区域经济社会发展、凸显综合竞争力的重要手段，尤其是高新技术群中的前沿科技已经成为国家战略的制高点；二是科技创新资源取代劳动力、土地、资本等传统的生产要素，成为国家和地区快速发展的第一要素；三是科技创新元素正在解构传统的线性全球价值链，并尝试建构一个相对扁平化、网络化的全球价值链；四是科技投资规模持续扩大，世界上的经济大国都把科技投资作为战略性投资，大幅度增加科技投入，超前部署和发展战略性技术及产业；五是科技创新平台化，一批创新枢纽型、功能集成化、边界开放型的核心科技创新平台在全球兴起，并逐渐串联整个创新链、产业链。

"科技创新"一词最早是由熊彼特提出来的，他认为创新是经济系统中新生产函数的引入，原有的成本曲线因此而不断更新。它的内涵非常广泛，包括了一切可供资源配置的创新活动，这些活动既可能与技术直接相关，也可能与技术间接相关。到了20世纪50年代，由于科学技术快速发展、技术变革对人类社会和经济发展产生了显著的影响，人们开始重新认识科技创新对社会经济发展的推动作用，并对科技创新的规律进行了研究。1951年，索洛在《资本化过程中的创新：对熊彼特理论的评价》中指出，创新是技术的变化，包括将现有知识投入实际应用中所带来的具体的技术安排、技术组合方面的变化。其他学者在科技创新的概念上也做过比较接近的研究。1953年麦克劳林提出，创新是较发明覆盖更为宽广的可能有所发展的领域。

到20世纪60年代,学者们开始有针对性地系统收集科技创新的案例与数据,伊诺斯从集合的角度定义科技创新,科技创新是一系列活动的成果,这些活动包括选择发明项目、提供资金、成立机构、建立工厂、开拓市场等,这些活动中的任何一次不成功,科技创新就不能成功。林恩则从创新时序过程角度定义科技创新,科技创新是始于对技术的商业潜力的认识而终于将其完全转化为商业化产品的整个行为过程。1969年,迈尔斯和马奎斯在对技术变革和技术创新的研究中提出,科技创新从新思想和新概念开始,通过解决各种问题,最终使一个有价值的新项目得到成功的应用。

进入20世纪70年代,有关科技创新的研究进一步深入,开始形成系统的理论,并对企业经营活动和政府管理政策产生了直接的积极影响。科技创新的研究出现了"百花齐放、百家争鸣"的局面,这一时期对科技创新研究的具体对象开始逐步分解,对科技创新不同侧面和不同层次内容的探讨不断涌现,多种理论和方法也逐步应用到科技创新的研究中。1973年亚瑟·D.里特和格罗布将科技创新定义为过程概念,认为科技创新是一个始于初始构想,终于首次商业价值的历史过程。弗里曼对发明与创新进行了区分,他认为,工业技术研究、开发和技术发明只是有助于创新过程的活动。创新是指将新制品引入市场,新技术工艺设备投入实际应用的技术、工业及商业的系列步骤。从经济学角度来说,创新比发明意义更为重大。1974年厄特巴克在《产业创新与技术扩散》中提出,创新过程可分为三个阶段:新构想的产生;技术难点攻关或技术开发;商业价值实现或扩散。到20世纪70年代下半期,美国国家基金会大大扩宽了对科技创新的界定,科技创新是将新的或改进的产品、过程或服务引入市场。

20世纪80年代以后,有关科技创新的概念更是层出不穷,不同学者站在不同角度,对科技创新提出了不同的理解和认识。国内的专家和学者也对其进行了研究,傅家骥认为,科技创新是包括科技、组织、商业和金融等一系列活动的综合过程。许庆瑞教授认为,科技创新泛指一种新的思想的形成,得到利用并生产出满足市场用户需要的产品的整个过程。愈忠钰认为,科技创新是科技与经济的结合,是以技术为手段,满足生产需求和促进经济发展为目标,科技与经济互相促进和转化的过程,它既包含着技术的获取与掌握,又包含着技术的扩散、转移和渗透,还包含着市场开拓、售后服务以及改进翻新。中共中央、国务院发布的

《关于加强技术、发展高科技,实现产业化的决定》指出,科技创新是指企业应用创新的知识和新技术、新工艺,采用新的生产方式和经营管理模式,提高产品质量,开发生产新的产品,提供新的服务,占据市场并实现市场价值。

纵观科技创新理论的发展,可以将其分成新古典学派、新熊彼特学派、制度创新学派和国家创新系统学派等。新古典学派以索洛为代表,运用新古典生产函数原理,表明经济增长率取决于资本和劳动的增长率、资本和劳动的产出弹性以及随时间变化的科技创新。他对经济增长的两种来源进行区分:一是由于要素数量增加而产生的"增长效应";二是由于要素技术水平提高而产生的"水平效应"的经济增长。

新熊彼特学派强调技术创新和技术进步在经济增长中的核心作用。卡曼、施瓦茨等从垄断与竞争的角度研究科技创新的过程,把市场竞争强度、企业规模和垄断强度三因素综合于市场结构之中,探讨科技创新与市场结构的关系。他们认为,竞争越激烈,创新动力越强;企业规模越大,在科技创新上所开辟的市场就越大;垄断程度越高,控制市场能力越强,科技创新就越持久。在完全竞争的市场条件下,企业规模较小,缺少科技创新的持久收益所需的控制力,且难以筹集科技创新所需的资金,同时也难以开拓科技创新所需的广阔市场,故难以产生较大的科技创新。在完全垄断的条件下,由于缺乏竞争对手的威胁,难以激发企业的创新积极性,也不利于引起大的科技创新。相对来说,最有利于创新的市场结构是介于垄断和完全竞争之间的"中等程度竞争的市场结构"。

科技创新的制度创新学派以美国经济学家兰斯·戴维斯和道格拉斯·诺思等为代表,他们认为,制度创新是指经济的组织形式或经营管理方式的革新。该学派利用一般静态均衡和比较静态均衡对技术创新环境进行制度分析后,认为经济增长的关键是制定一种能对企业提供有效刺激的制度,该制度确立支配一定资源的机制,使每一活动的社会收益和个人收益几乎相等;产权的界定和变化是制度变化的主要动因,新技术的发展必须建立一个系统的产权制度,以便提高创新的个人收益;一个社会的所有权体系应当明确规定和有效保护每个人的专有权,尽可能降低革新的不确定性,使发明者的活动得到最高的个人收益,从而促进经济增长。总之,制度创新理论深入研究了制度安排对国家经济增长的影响,发展了熊彼特的制度创新思想。此外,制度创新理论忽视了市场规模扩大和技术进步本身是制度的函数,其是在"经济人"假设的前提下展开的,所提出的市场规模的变化、生产技术的发展和预期收益的变化三要素是一个重要的隐含假定。

科技创新的国家创新学派以英国学者克里斯托夫·弗里曼、美国学者理查德·纳尔逊等为代表,他们认为科技创新是由国家创新系统推动的,而不是企业的孤立行为。在国家创新系统中,企业和其他组织等创新主体通过国家制度的安排及相互作用,推动技术的创新、引进、扩散和应用等,使整个国家获得更高更好的创新绩效。20世纪80年代,弗里曼分析了日本在推动科技创新中的重要作用,即一个国家要实现经济的跨越式发展,必须将科技创新与政府职能联合起来,形成国家创新系统。纳尔逊研究了美国支持技术进步的一般制度结构,他认为科学和技术的发展过程中充满不确定性,因此国家创新系统中的制度安排应当具有弹性,发展战略应该具有适应性和灵活性。国家创新系统理论使人们认识到国家创新体系在优化创新资源配置上的指导作用,可以更好地引导政府通过制定计划和颁布政策,来引导和激励企业、科研院所、大学和中介组织相互作用、相互协作,加快科技知识的生产、传播、扩散和应用。

中国对科技创新的重视程度逐年增强。改革开放以来,中国的科技创新政策呈现出阶段性特征,与中国的渐进式改革相适应,大体划分为五个阶段:

一是1978~1985年的科技创新恢复期,标志性事件是1978年全国科学大会的召开,邓小平同志在会上关于"科学技术是第一生产力"的论断,成为新时期科学技术发展战略制定的基本理论基础,标志着中国进入了科技复兴时期,迎来了科学的春天。我国的科学技术发展和创新活动重新起步,通过科学技术创新振兴国民经济已经成为基本共识,一系列科学计划的实施使中国在一定程度上恢复了中华人民共和国成立后原有的科技体系及工业技术创新活动。

二是1985~1995年的科技创新体制改革启动期,标志性事件是1985年中国政府提出的《中共中央关于科学技术体制改革的决定》。在这一时期,国家科技发展的方针是"面向"和"依靠",即经济建设要依靠科学技术,科学技术要面向经济建设。为解决上一时期产生的创新活力不足、科技创新成果转化效率低下等问题,通过一系列体制机制的改革,开始打破旧有的计划经济体制,推动着科技创新与市场机制的结合,并且引入了科学技术的竞争机制,倒逼科研人员提高积极性和创新精神,解决了科研机构活力低下的问题,对科技系统的分化和科技型创新企业的萌芽等方面产生了深远影响。

三是1995~2006年的科技企业快速发展期，标志性事件是"科教兴国"上升为国家战略。这一时期创新政策的亮点之一就是提出了以企业为创新主体的方针，科技政策、金融政策、产业政策、财政政策以及税收政策等政策体系，共同推进科技创新的发展。政府各部门纷纷出台相关政策，加强企业和科研机构的创新动力，在国家大量政策利益的引导下，整个国家的创新氛围得到极大增强。

四是2006~2014年的创新型国家基础建设期，标志性事件是2006年胡锦涛在全国科学技术大会上提出的"自主创新，建设创新型国家"的战略目标，发布了《国家中长期科学和技术发展规划纲要（2006~2020年）》，依据自主创新、重点跨越、支撑发展、引领未来的指导方针，提高国家自主创新能力和基础科学以及前沿技术研究综合实力，增强科技促进经济社会发展和保障国家安全的能力，推动全面建设小康社会目标的实现。

五是2014年以来，中国进入"大众创业、万众创新"的双创时期，标志性事件有二：首先是2014年6月习近平在中国科学院、中国工程院两院院士大会上发表了关于"加快从要素驱动、投资规模驱动发展为主向以创新驱动发展为主的转变"的讲话；其次是李克强在2014年夏季达沃斯论坛开幕式上发表讲话时指出的，要借改革创新的"东风"，在960万平方公里土地上掀起一个"大众创业""草根创业"的新浪潮，中国人民勤劳智慧的"自然禀赋"就会充分发挥，中国经济持续发展的"发动机"就会更新换代升级。这两次讲话拉开了中国双创时代的序幕，这一时期强调创新创业的主体是万千"草根"，重点是要坚持市场导向、加强政策集成、强化开放共享、创新服务模式。

未来的较长一段时期，世界经济依然处于复苏期，在国际竞争新格局中，在经济全球化与局部贸易保护主义交织的背景下，发达国家利用自身的技术和资本优势依然保持领先地位，用技术控制市场和资源，形成了对世界市场特别是高技术市场的高度垄断，知识产权、技术标准成为制约发展中国家发展进程的不确定因素。"十三五"时期，中国经济正处于改革攻坚期、风险叠加期、发展转型期，有很多难题需要破解。尤其是随着我国参与国际竞争的深度和广度不断增加，发达国家对我国的技术封锁加剧，我国科技战略主动权不够，产业创新能力不强，核心技术受制于人，知识产权、技术标准成为巨大障碍等问题浮出水面。

因此，我们必须强化自主创新能力，集中优势力量突破影响国家竞争力的关键技术，开发具有自主知识产权的核心技术，举万众创新之智驱动国家的新一轮发展，聚大众创业之力抢占国际竞争的战略制高点。"兵马未动，粮草先行"，作为科技创新的基础性工作之一的创新创业教育，要当好创新创业型人才培养的排头兵和先行者。

上海大学党委副书记
上海大学智库产业研究中心主任
徐旭 2016.10.18

前　言

随着以信息技术为代表的高技术产业的快速发展，高技术产业集聚作为工业化过程中的必然现象，推动生产要素合理流动、提高资源配置效率的作用机理一直是学术界和决策部门关注的热点。随着新制度经济学的发展与完善，突破了经济地理和新经济地理学对高技术产业集聚机理的研究局限，在解释生产要素的跨区域流动和优化资源配置效率方面得到了众多支持。高技术产业集聚理论发展的现实需求迫切需要学术界从新制度经济学视角解析其集聚机理。越来越多的实证研究表明：一系列的政策制定与制度变革既能够影响高技术企业的选址，也能够决定国家的高技术产业发展格局。鉴于此，本书遵循文献梳理、理论分析、实证研究和政策建议的逻辑主线，探讨制度环境对高技术产业集聚与迁移的作用机理。这项研究不仅能够丰富高技术产业集聚的学理基础，还能够为决策部门制定促进高技术产业发展、优化区域分工的政策提供参考。全书的核心内容包括以下几方面：

第一，在系统梳理国内外关于高技术产业内涵、集聚机理、集聚度、实证研究等的基础上，对高技术产业的内涵、行业范围进行了界定；从溢出效应和产业关联出发分析高技术产业集聚的理论基础；在系统梳理国内外关于制度、制度环境的内涵以及制度环境的代理变量等的基础上，分析了新制度经济学中的交易费用理论、产权理论和制度变迁理论对高技术产业影响的作用机理。

第二，深入剖析高技术产业发展的动力机制。运用 EG 指数和区域集聚指数计算了中国各省（市、自治区）的高技术产业集聚水平，从 EG 集聚指数看，中国高技术产业已经达到高度集聚水平，在优化产业结构、增强区域竞争力方面有突出优势，在空间分布上，从东部地区向中西部地区递减；制度环境对高技术产业发展具有规制、引导作用，制度环境的提升能够促进高技术产业集聚，反过来，高技术产业的快速发展又能够加快制度创新，进而使制度环境得以提高。

第三，根据制度与高技术产业发展的互动机理，借鉴交易成本理论，交易费用可以划分为外生交易费用和内生交易费用两部分，将内生交易费用引入"中心—外围"模型中，在企业迁移达到均衡状态时分析内生交易费用对高技术企业选址的作用机理，进而分析区域制度环境通过内生交易费用对高技术产业集聚发展的影响。研究结果表明，地区制度环境的优劣决定着高技术企业在该地区生产经营活动中的内生交易费用的高低。如果制度环境欠佳，即使高技术产业区有一定的资源优势、规模报酬递增及集聚外部性，企业也不会继续向该地区迁移。除非高技术产业区的市场规模足够大，且运输成本非常低，使其能够抵消提高的那一部分内生交易费用。

第四，基于高技术产业发展的溢出效应和空间依赖性，运用空间杜宾模型研究了制度环境、制度环境稳定性与中国高技术产业发展之间的关系。结果表明，制度环境对本地区、其他地区和所有地区的高技术产业发展都有显著的促进作用。制度环境稳定性对本地区高技术产业发展产生显著的阻碍作用，对其他地区和所有地区则没有显著影响。为了更准确地分析制度环境、制度环境稳定性与中国高技术产业集聚水平提高的关系，又利用面板数据分位数回归方法进行研究。研究结果发现，制度环境在 0.75 分位点以下对高技术产业发展具有显著的促进作用，制度环境稳定性仅在 0.5 以下的各分位点对高技术产业发展产生显著的阻碍作用。

第五，从新制度经济学的视角，采用面板数据门槛模型对中国 112 个城市 2001~2015 年制度环境与高技术产业发展之间的非线性关系进行了研究，并根据制度环境门槛值进行了分组回归。研究结果发现，由于城市所处的制度环境发展阶段不同，制度环境对高技术产业发展的推动作用呈现显著的门槛效应。具体地说，制度环境的提高与高技术产业发展之间呈显著正相关；在制度环境的不同发展阶段，制度环境与高技术产业集聚水平之间呈非线性关系；从对研究样本进行分区间统计看，中国大部分城市处于高技术产业发展提升的制度环境红利阶段。

第六，根据制度环境对高技术产业发展的作用机理的研究结果，提出营造良好的制度环境、形成信任机制、实施知识产权保护以及优化区域产业分工等促进高技术产业集聚的政策建议。

目 录

第一章 绪论 …………………………………………………………… 1

　第一节 研究背景 …………………………………………………… 1

　第二节 研究意义 …………………………………………………… 3

　第三节 国内外相关研究综述 ……………………………………… 5

　　一、高技术产业集聚影响因素的研究综述 …………………… 5

　　二、高技术产业集聚水平测度的研究综述 …………………… 7

　　三、正式制度促进产业集聚的研究综述 ……………………… 7

　　四、非正式制度促进产业集聚的研究综述 …………………… 10

　　五、研究述评 …………………………………………………… 12

　第四节 研究内容及框架 …………………………………………… 14

　　一、研究内容 …………………………………………………… 14

　　二、研究框架 …………………………………………………… 15

　第五节 研究方法 …………………………………………………… 16

　　一、文献研究法 ………………………………………………… 16

　　二、空间杜宾模型 ……………………………………………… 16

　　三、分位数回归模型 …………………………………………… 16

　　四、门槛回归模型 ……………………………………………… 17

　第六节 本书的创新点 ……………………………………………… 17

　　一、通过研究制度与高技术产业发展的关系，为研究高技术产业

发展提供新的视角 ·· 17
二、尝试构建符合中国国情的高技术产业发展理论分析框架 ········ 18
三、对中国实际进行经验验证，实证分析制度环境与高技术产业
发展的关系 ·· 18

第二章 理论基础 ·· 19

第一节 相关的概念和分类 ·· 19
一、高技术、高技术产业等概念 ·································· 19
二、高技术产业的分类 ·· 22

第二节 制度与制度环境的内涵 ······································ 23
一、制度的内涵 ·· 23
二、制度的构成 ·· 26
三、制度环境的内涵 ·· 27
四、制度环境的代理变量 ·· 28

第三节 新经济地理学框架下的高技术产业集聚理论 ···················· 30
一、知识溢出促进高技术产业集聚 ································ 30
二、产业关联促进高技术产业集聚 ································ 35

第四节 新制度经济学框架下的高技术产业集聚理论 ···················· 36
一、交易费用理论 ·· 37
二、产权理论 ·· 38
三、制度变迁理论 ·· 39

第五节 本章小结 ·· 41

第三章 高技术产业发展的动力机制 ·································· 42

第一节 中国高技术产业发展的特征事实 ······························ 42
第二节 中国高技术产业发展水平的动态变化 ·························· 45
一、高技术产业发展水平的度量指标 ······························ 45
二、高技术产业发展的变动趋势 ·································· 48
三、高技术产业空间分布 ·· 51

四、高技术产业行业分布 …………………………………… 51

第三节　高技术产业发展的核心驱动力 ………………………… 52

　　一、萌芽期：政府主导 ……………………………………… 52

　　二、发展期：产业主导 ……………………………………… 54

　　三、成熟期：创新突破 ……………………………………… 56

第四节　制度理论与高技术产业集聚 …………………………… 58

　　一、市场经济制度促进高技术产业集聚 …………………… 58

　　二、产权制度助推高技术产业集聚 ………………………… 59

　　三、非正式制度能够加快高技术产业集聚 ………………… 60

　　四、高技术产业集聚能够降低交易费用 …………………… 61

　　五、高技术产业集聚有利于诱致制度创新 ………………… 61

　　六、高技术产业集聚有利于制度环境的完善 ……………… 62

第五节　本章小结 ………………………………………………… 63

第四章　理论模型构建 …………………………………………… 65

第一节　对中心—外围模型的分析 ……………………………… 66

第二节　模型的改进 ……………………………………………… 68

　　一、模型假设 ………………………………………………… 68

　　二、效用与需求函数 ………………………………………… 68

　　三、一般均衡分析 …………………………………………… 69

　　四、制度环境的引入 ………………………………………… 70

　　五、均衡 ……………………………………………………… 72

第三节　本章小结 ………………………………………………… 74

第五章　制度环境、制度环境稳定性与高技术产业发展 ……… 76

第一节　中国高技术产业发展的制度演变 ……………………… 77

第二节　研究假设 ………………………………………………… 81

第三节　计量模型设定、变量描述和矩阵构建 ………………… 84

　　一、空间杜宾模型 …………………………………………… 84

二、变量描述 ··· 86
　　三、空间自相关检验 ··· 90
　　四、空间权重矩阵的构建 ··· 91
 第四节　实证研究及结果分析 ··· 93
　　一、空间自相关检验 ··· 93
　　二、局部相关性分析 ··· 94
　　三、面板数据回归 ··· 95
　　四、空间依赖性检验与空间计量模型选择 ······································· 96
　　五、基于空间面板杜宾模型的回归结果 ··· 97
　　六、面板数据分位数回归 ·· 101
 第五节　本章小结 ·· 105

第六章　制度环境与高技术产业发展：来自城市的证据 ·········· 108
 第一节　研究假说 ·· 109
 第二节　模型设定及变量说明 ·· 111
　　一、门槛模型估计的原理 ·· 111
　　二、门槛模型的设定 ·· 111
　　三、门槛模型的假设检验 ·· 112
　　四、变量说明 ·· 113
　　五、样本选择及数据来源 ·· 114
 第三节　计量分析与结果说明 ·· 115
　　一、制度环境与高技术产业集聚度的提高 ····································· 115
　　二、基于门槛模型的估计 ·· 115
　　三、基于门槛值的分组估计结果与分析 ······································· 119
 第四节　本章小结 ·· 121

第七章　研究结论及政策建议 ·· 125
 第一节　研究结论 ·· 125
 第二节　政策建议 ·· 127

一、转变政府职能，营造良好的制度环境 …………………… 127

　　二、企业间加强分工合作，形成信任机制 …………………… 128

　　三、深化创新体制改革，丰富人才引进模式 ………………… 129

　　四、实施知识产权保护战略，完善创新链 …………………… 130

　　五、遏制地方保护主义，优化区域分工 ……………………… 131

　第三节　研究局限与展望 ………………………………………… 132

参考文献 …………………………………………………………… 134

致　谢 ……………………………………………………………… 148

后　记 ……………………………………………………………… 150

第一章 绪论

第一节 研究背景

自1988年"火炬"计划设立至今,中国高技术产业取得了长足的发展,融入了全球产业链,大大增强了中国的技术创新能力,已成为推进供给侧结构性改革、引领中国制造业向世界价值链高端迈进的原动力。随着信息化进程的加快,以数字化、网络化、智能化为特征的信息技术革命蓬勃兴起,信息技术与高技术产业的融合促进了产业生产方式的变革、提高了生产要素配置效率、实现了产业生态体系重构。一批高技术产业的龙头企业已完成了从后发到先发,从跟跑、并跑到领跑的转变,进入世界一流企业名单,如在5G领域,华为和合作企业先后推出了世界首款3.5GHz频段5G原型基站、商用小型低频样机以及5G核心网解决方案等。如今技术创新更迭的速度越来越快,高技术产业各行业的龙头企业实现了协同创新,集中研发资源,缩短技术创新周期,促进产业转型升级和快速成长。此外,为了抢占行业发展制高点,占领价值链高端,打开国际市场,高技术产业中竞争力较强的龙头企业加大了跨境并购力度,如在激光领域,西安炬光科技完成了对世界领先半导体激光器供应商LIMO的收购。一直以来,技术创新是制约高技术产业发展的"瓶颈",国家创新中心的建设为协调"政产学研用金介"和重大技术攻关项目的攻克提供了平台。在技术供给端联合产业链上下游企业协同研发，在市场需求端联合用户将终端需求融合到创新成果的研发过程中，最终实现重大技术创新成果的突破，为新时代高技术产业发展迎来新气象。

迈克尔·波特提出，产业在地理空间上某一区域集聚布局，能够快速增强产业竞争力，不仅能够提高生产效率，还能够为企业指明技术创新的方向、加快技术创新速度、促进新企业衍生，进而扩大产业集聚规模，增强产业竞争优势并提高区域经济发展水平（阮光珍，2012）。产业集聚是指某一产业内具有产业关联的企业在地理空间上的某一区域集中，企业之间通过彼此合作、经验交流和信息传递形成了一个稳固、持久、竞争力强的企业集合体（郭利平，2013）。产业集聚也是高技术产业发展的主要模式和途径，无论是美国硅谷、日本筑波，还是北京中关村、上海张江、深圳华强北，都是高技术产业健康发展的重要载体。在这些地区，不仅高技术企业的专业化水平较高，而且区内企业员工通过相互学习、项目合作、技术交流等方式进行着隐性知识和黏性知识的传播，大大提高了企业的生产效率，使区域内企业的创新效率和竞争优势得到明显提高，高技术产业集聚区现已成为对国家或地区经济发展最有影响力的地区（赵玉林，2012）。高技术产业增长已成为如今日益激烈的市场竞争中优势产业的空间分布特征，对于提高产业竞争力、形成区域竞争优势具有重要作用。

在高技术产业快速发展的同时，也存在区域发展不平衡的问题，具体来说，高技术企业向东部地区集聚、技术创新和人才结构区域间差距明显（谢里，2017）。区域间高技术产业发展差距过大会阻碍技术的溢出效应，不利于国家协同创新体系的构建。对于高技术产业发展的区域差异，可以从制度环境差异的角度进行解释。良好的制度环境不仅能够提高经济效益，还有利于技术的吸收和利用，进而促进高技术产业发展。随着新制度经济学的发展，越来越多的经济学家关注制度环境对高技术产业发展的影响，且一部分文献实证研究了产权、监管、法律体系、政治治理等因素对高技术产业发展的推动作用。其中占据举足轻重地位的就是新制度经济学派提出的交易费用理论和产权理论，它们既拓展了新古典经济学的应用，也获得了对现实经济学问题的合理解释。新制度经济学派的突出贡献在于创造性地提出了交易费用、产权、制度等概念，这些概念对资源配置效率起着举足轻重的作用，他们认为交易费用与产权确定及制度安排是解决市场失灵的关键因素，解释了市场失灵的原因在于前人忽略了制度理论存在的经济意义

(卢现祥、朱巧云,2014)。高技术产业发展作为制造业发展过程中的一种必然现象,更需要应用新制度经济学理论来解释其形成和存在的重要意义。与此同时,由于中国高技术产业发展的时间较短,新制度经济学与高技术产业发展关系的研究较薄弱,因此,进行制度环境与高技术产业发展的理论与实证研究,不仅可以验证产业发展的一般规律,还可以丰富高技术产业发展的理论体系。

中共十九大报告指出,要加快完善社会主义市场经济体制。社会主义市场经济体制的完善必须以完善产权制度和要素市场化配置为重点,实现产权有效激励、要素自由流动、价格反应灵活、竞争公平有序、企业优胜劣汰。还需要加强经济、法制、知识产权保护等配套服务的制度性建设,提高公共机构和中介组织的服务质量。市场经济体制的完善是一项系统工程,涉及政治、经济、法制、社会文化等方面,其中必然伴随制度变迁、制度的调整以及制度环境的改善。基于此,本书提出以下问题:制度环境的优劣是否对高技术产业的发展产生影响?制度环境与高技术产业发展之间是否存在内在联系?制度环境的改善是一个动态演进的过程,可能随着制度环境波动。如果制度环境的改善能够加快高技术产业发展进程,那么制度稳定性与高技术产业发展作用机制如何?带着上述问题,本书试图将制度环境与高技术产业发展结合,分别以中国各省(市、自治区)和112个获批国家级高新技术产业园区的城市为研究对象,探讨制度环境、制度稳定性与高技术产业发展之间的作用机理,揭示高技术产业发展的内在本质。

第二节 研究意义

随着知识经济时代的发展,高技术产业已经成为各国政府优化产业结构、推动技术升级、加快经济发展的重要手段。中国经济发展进入新时代,经济结构面临转型升级,各地都将增强技术创新力作为突破口,纷纷在培育创新型企业、构建协同创新平台、集聚创新型人才等方面制定了一系列政策来引导和支持高技术产业发展。制度环境的区域差异对高技术产业发展起着至关重要的作用。近十几年来，中国高技术产业产品的出口比例在持续上升，但这些产品出口的比较优势是以廉价的劳动力资源为基础的，其高附加值环节仍在发达国家手中（李宏、陈圳，2018）。随着中国人口红利的消失，劳动力成本的上升，如何培育新动能、改造旧动能，改善制度环境及社会配套服务系统的建设是提高高技术产业发展水平的重要策略。因此，深入研究制度环境与高技术产业发展的关系，对于优化产业结构、提高国际竞争力、改善贸易条件等具有重要作用，也使政府在制度环境建设方面做到有的放矢。鉴于此，研究制度环境与高技术产业发展的关系主要有以下两个理论意义：

第一，为高技术产业发展理论的发展提供学理基础。在充分考虑新经济地理理论的基础上，引入内生交易费用和产权理论，从理论上探讨制度环境对高技术产业发展的作用机理。从制度环境的视角寻找高技术产业发展的动力来源。高技术产业发展是企业为降低交易费用而产生的制度安排，政府作为正式制度的供给主体，往往通过建设高技术产业园区、制定税收优惠政策、搭建协同创新平台等方式培育高技术产业集群。非正式制度则是通过企业文化、信息交流、诚信机制等复杂网络助推高技术产业集聚区的发展。本书将制度环境内生化，通过构建制度环境的综合指标体系，研究制度环境与高技术产业发展的关系。本书的研究结论在一定程度上拓展了制度理论与高技术产业集聚理论的最新研究成果，丰富了新制度经济学视角下制度环境影响高技术产业发展的理论支持。

第二，为促进高技术产业发展政策的制定提供科学的理论参考。高技术产业作为引导经济发展的一大支撑点，其发展壮大同国家制度关系密切，而其集聚对经济发展的推动作用不容小觑。为了提高城市高技术产业发展水平，进而提升产业竞争力，必须增强制度供给，优化制度环境，形成稳定的制度结构，使高技术产业发展与制度环境相互促进，健康发展。

本书还具有两个重要的现实意义：第一，优化制度环境，提升高技术产业竞争力。一个国家的发达程度决定于其经济增长的快慢，一个地区或城市产业竞争力的强弱也同样由经济增长体现。由于中国地区发展不平衡，各地区在基础设施、人力资本分布、信息化水平、政府行为等方面存在较大差异，这些制度因素都会影响当地高技术产业的发展。第二，解决高技术产业发展的制度需求。发展高技术产业，对于提高创新能力、优化产业结构，提高区域竞争力具有重要作用。以高技术产业园区为载体，整合要素资源，培育高技术产业集群或科技型产业链是中国各地发展高技术产业的重要手段。但高技术产业集聚区还存在制度环境不完善、区域发展不平衡、自主创新能力不强等问题。通过对制度环境与高技术产业发展的研究，可以对于如何解决在改善制度环境的基础上，加快高技术产业发展，进而增强产业竞争力提出合理化建议。

第三节 国内外相关研究综述

一、高技术产业集聚影响因素的研究综述

高技术产业集聚影响因素研究是中国高技术产业集聚研究领域的主流，该领域的研究分为三类：一是基于要素的视角。高技术产业的产业特性决定了高技术产业趋向于交通便利、基础设施完善、智力资源密集、信息畅通的地区。胡珑瑛、叶元煦（2002）认为，智才集聚、知识和技术的溢出以及良好的资本环境是高技术产业集聚的主要因素。谢润邦、胡美林（2006）研究了风险投资与高技术产业集群间的交互关系，他们认为风险投资及产业集群具有很大的政策导向性，风险投资制度应尽快健全和完善。毛军（2006）通过实证研究探讨了人力资本对高技术产业集聚的重要作用，即特殊专业化人力资本是产品研发的主体。彭澎、蔡莉（2007）根据协同学原理提出影响高技术产业集聚的因素有区位禀赋、产业特性、市场需求、企业家和机遇。周任远、陈荣耀（2007）认为，FDI 是促进长三角地区高技术产业集聚水平提升的重要原因。王玮、方虹（2008）通过研究 FDI 与高技术产业集聚的关系，发现 FDI 与高技术产业集聚显著相关。彭中文、何新城（2008）认为，高技术产业集聚的重要动因是研发能力和外商直接投资的技术溢出。姚敏、许红（2008）认为，高素质的劳动力、庞大的市场规模、知识溢出的空间局限性及持久的创新能力是高技术产业集聚的决定性因素。仇怡、吴建军（2010）认为，高技术产品国际贸易促进了行业集聚。张樨樨、韩秀元（2010）认为，高技术产业集聚与高技术人才集聚具有相互促进的关系。吴波虹

（2011）从高技术企业集聚内涵出发，在分析知识溢出与高技术企业地理距离关系的基础上，进一步研究了高技术企业间相互协作、人才流动、非正式交流、合作创新等对高技术产业集聚的影响。

二是基于产业关联的视角。产业关联包括后向联系和前向联系两种，对高技术产业来说，由于产品的技术含量高，升级换代快，且消费群体比较专业化，企业为了降低库存风险往往会加强与原料供应商联系，会吸引更多企业集聚。王缉慈（2001）认为，产品的前后向联系是高技术产业发展的重要因素之一。胡珑瑛、叶元煦（2002）提出，产业关联是高技术产业集聚的重要因素，内在联系紧密、相互依赖性大的高技术产业往往趋向于集中在某一适宜发展的区域。马力、王悦（2006），汪芳等（2008）认为，高技术产业的上下游技术具有极强的关联性，常常整合为一个技术网或技术链，相关产业集聚发展，加快了先进技术在产业链上的扩散速度，从而带动了相关企业生产能力、技术能力的提高。綦良群、李楠（2007）在与一般产业集群对比后得出，产业关联对高技术产业集聚的影响，多指高技术产业的后向联系，即技术开发的配套支撑能力是高技术产业集聚的关键。高小飞（2011）认为，产业的本地联系是区域内高技术产业集聚发展的特征之一。

三是基于新经济地理学的视角。新经济地理学理论认为影响产业集聚的重要因素有一个地区企业的数量、人力资本、运输成本及消费者的购买力。新经济地理学家 Krugman（1991）、Fujita（1999）认为，循环累积因果效应引起的产业集聚，偶尔的扰动会破坏原有的区域均衡，使集聚区域的市场规模不断扩大，生产要素不断集中①。任启平、梁俊启（2007）通过对中国高技术产业空间集聚分行业区域分析，发现新经济地理因素是影响高技术产业集聚的重要因素。席艳玲、吉生宝（2012）基于新经济地理学视角对中国高技术产业地理分布进行了分析，发现新经济地理因素对中国东、中、西部高技术产业集聚的影响存在明显的区域差异。任启平、梁俊启（2007）从经济地理、新经济地理、政府政策等方面研究高新技术产业集聚的影响因素，结果表明企业数量、人力资本、交通运输条件、消费者购买力等新经济地理变量对高新技术产业集聚的影响显著。

---

① 王永进，李坤望，盛丹．契约制度与产业集聚：基于中国的理论及经验研究［J］．世界经济，2010（1）：141-156.

二、高技术产业集聚水平测度的研究综述

随着高技术产业的快速发展,高技术产业集聚水平测度的研究也成为学术界研究的热点,先后有学者运用 EG 指数、行业集中度、区位熵、空间基尼系数、赫芬达尔指数等指标衡量高技术产业的集中程度。很多学者为了避免不同测度指标在计算结果上的偏差,往往同时选择几个指标对某区域高技术产业中各行业的集聚进行测度。蒋金荷(2005)在利用产业分工指数和区位熵测算中国东部、中部、西部以及 11 个省(市)高技术产业集聚水平的基础上,发现中国高技术产业的同构性是降低的,产业的地方专业化程度则逐步上升。王秋红、陈曦(2012)利用区位熵、区位基尼系数和行业集中度指数对中国 31 个省(市、自治区)2000~2009 年的高技术产业的集聚水平进行测定,发现多数行业的空间集聚程度呈稳定或降低的趋势。王秋红、陈曦(2011)利用区位熵和行业集中度指数对中国高技术产业 2000~2009 年的集聚水平进行了计算,发现不同行业的集聚程度存在显著的区域差异,多数行业的集聚程度呈逐年升高的趋势。任启平、梁俊启(2007)以高技术产业总产值数据为基础,利用行业集中度和空间基尼系数对中国 1995~2004 年高技术产业的集聚水平进行了测度。赵玉林、魏芳(2008)计算了中国高技术产业五大行业 1995~2006 年的熵指数和行业集中度,发现中国高技术产业的地方专业化程度越来越高,集聚度不断加强。仇怡、吴建军(2010)计算了中国 1998~2007 年高技术产业的行业集中度和 HHI 指数,发现各行业的集聚程度呈不断上升的趋势。郑荷芬、韩峰(2012)利用行业集中度、区位熵和空间集聚指数等指标测度了中国东部、中部、西部高技术产业的集聚水平,结果表明:高技术产业集聚水平自东部地区向西部地区逐级递减。郑秀田、王雪亨(2013)计算了 1996~2011 年中国高技术产业的空间基尼系数和区位熵,分析了该产业的空间集聚特性,发现 1996~2004 年,空间基尼系数处于上升阶段,2004 年以后处于下降阶段,东部地区的集聚程度显著高于中西部地区。

三、正式制度促进产业集聚的研究综述

中国幅员辽阔,由于资源禀赋、区位及区域间实施的经济政策与制度安排不同,不同地区的产业集聚水平和专业化水平的差异较大。中共十九大报告明确指

出，当下的重要任务是解决发展不平衡、不充分问题，提升发展质量和效益。因此，对中国产业集聚水平及其地理格局的演变已成为学者、政府和经济学家共同关注的问题。改革开放之后的40年，中国经济持续保持高速增长，国际上经济学者纷纷从资源、制度、区位、劳动力等方面破解中国经济增长之谜，使中国产业集聚研究成为国际经济学界的研究热点之一。

　　Young（2000）运用"生产法"测算了中国各省（市、自治区）五大行业（农业、工业、建设、交通和商业）及第一产业、第二产业和第三产业占GDP的比重，结果发现各省（市、自治区）的产业结构趋同。他认为由于分权化改革的实施，地方政府为追求财政收入导致地方保护主义行为，进而降低了专业化水平，从侧面分析了制度对产业区位选择的影响。Bai、Yingjuan和Zhigang等（2004）认为，政府基于行政干预、增加税收或个人利益的目的，过度保护当地高利润、高税收私企或国有企业，进而降低了产业集聚速度。他们在计算中国制造业32个行业的Hoover系数的基础上，对劳动力共享、知识溢出、规模经济和地方保护政策对产业集聚的影响进行了实证研究。结果表明，规模经济能够促进产业集聚，劳动力共享和知识溢出对产业集聚也具有正的影响，而地方保护政策则明显阻碍了产业集聚。Wen（2004）从理论上分析了区位条件、市场规模、交易费用等因素对产业集聚的作用，他认为交通便利、法律环境越好的地区，越有利于产业集聚。Demurger（2000）的研究表明，改革开放以来，由于中国政府对沿海地区管制宽松、税收和基础设施投资等一系列优惠政策，沿海地区充分利用区位优势，制造业在该地区快速集聚，使沿海地区经济得以快速发展。Catin、Luo和Huffel（2005）在测算中国1988～1997年制造业的30个行业的区位基尼系数的基础上，选取经济发展水平、经济开放程度和市场规模为控制变量，研究影响技术密集型、劳动密集型和资本密集型产业在全国、沿海和内陆地区的集聚的因素。结果表明，资源密集型行业主要集中在资源丰富的经济欠发达地区；经济开放程度和市场规模与技术密集型行业的集聚水平呈显著正相关，技术密集型行业在东部沿海地区的集聚水平较高[①]。

---

　　① 吴三忙，李善同. 中国制造业地理集聚的时空演变特征分析：1980～2008 [J]. 财经研究，2010，36（10）：4-14+25.

国内的研究文献多是从制度的某一维度出发研究制度对产业集聚的影响，如产权保护、交易费用和政府作用等。胡向婷、张璐（2005）研究了政府行为对产业布局的影响，为了保护本地经济，如果政府设置贸易壁垒或阻碍区域间商品流通，会使区域间产业结构趋同。如果政府加大财政投资发展地方经济，在一定程度上将导致产业结构差异化。金煜、陈钊、陆铭（2006）将新经济地理、经济地理和政府政策纳入同一分析框架之中，分析了沿海优越区位、规模经济、外部性、市场、城市化水平、交通通信等因素和对外开放程度、政府干预等制度因素对产业发展的影响。结果表明，沿海地区交通便利、市场发达，产业集聚水平高；外部性、规模经济、市场需求、城市化水平和交通通信等因素与工业发展呈正相关；对外开放程度的提高和政府干预程度的降低都能够提高工业集聚水平。路江涌、陶志刚（2007）采用动态面板数据和静态面板数据的随机效用模型，估计资源禀赋、溢出效应、劳动力、规模经济、运输费用和政府行为等因素对地区产业集聚水平的影响。结果表明，除规模经济外，资源禀赋、外部性、运输费用和政府行为等因素与产业集聚水平呈显著相关。贺灿飞、谢秀珍、潘峰华（2008）在计算中国制造业 1980～2004 年分行业地理集中度和地区专业化水平的基础上，分析了资源禀赋、劳动力素质、区位条件、市场潜力和政府干预政策对产业集聚的影响。结果表明，政府干预经济政策与产业集聚水平呈显著正相关，规模经济、劳动力素质对产业集聚的影响为正，资源禀赋和国外市场通达性对产业集聚的影响为负。

研究文献表明：高技术产业集聚与地区的政府政策、制度同样具有紧密的关系，政府对高技术产业发展的影响主要通过营造发展环境和提供相关政策支持来实现。在营造发展环境方面，李建玲、孙铁山（2003）认为，政府作为区域创新环境的营造者，又间接参与创新活动，还引导区域创新主体的创新行为，对高技术产业的发展起至关重要的作用。张小荣（2003）认为，政府是技术创新网络非常重要的组成部分，政府对高技术产业发展中具有导向作用，能够促进高技术产业的投融资过程，并通过相关政策加快高技术成果转让和扩散。刘筱、王铮、赵晶媛（2006）认为，政府可以通过投资、提供和完善服务、建设发展环境等方面促进高技术产业集聚发展。任启平、梁俊启（2007）通过对中国高技术产业空间集聚分行业区域分析发现，高技术产业集聚在东部地区的重要原因是优先发展沿海地区的不平衡发展战略和优惠吸引外资的政策。傅首清、赵豪迈、邱菀华等（2008）从广义交易费用理论出发，在分析高技术产业软环境中政府因素的基础上，提出政府在高技术产业发展制度安排方面的理论依据。李晓、李健、李汉东等（2010）在总结国内外政府在促进区域高技术产业发展经验的基础上，提出中国政府在区域高技术产业发展中的行为模式和建议。焦艳、石奇、王之军等（2013）对长江三角洲城市的高技术产业集聚进行空间计量研究，发现对外开放度、政府干预和政府对科技的支持三个因素均对高技术产业集聚具有显著影响。在财政政策和金融政策方面，樊元、李丽媛、同小歌等（2014）认为，财税政策的影响高于金融政策，分行业看，税收对中国高技术产业中的电子信息产业的集聚影响最为显著。

四、非正式制度促进产业集聚的研究综述

非正式制度通常内生于经济社会中，在人们日常交往中形成，属于传统文化的一个有机组成部分，主要包括价值观、伦理观、道德观、风俗习惯和意识形态等方面。非正式制度往往通过习惯、道德、精神力量等柔性方式执行，共同文化、习俗、信仰、道德、伦理等非正式制度是企业集聚的黏合剂，产业集聚区内文化的互动有助于进行专业化分工，降低交易费用。

新古典经济学家马歇尔（Marshall，1890）首先系统地研究了产业集聚现象，提出外部规模经济是产业集聚的根本原因①。同时，他还提出社会文化因素对产业集聚非常重要，他认为，产业区内相同的文化背景、行为规范和价值观有利于经济主体间相互信任，进而形成高度合作的"产业空气"。新产业区学派对"第三意大利"的长期研究发现，产业集聚区内企业在长期交往中形成的互相信任、稳定的合作关系能够推动产业区快速发展。屈吉利尔（Trigilia，1981）认为，"第三意大利"的价值系统形成的凝聚力能够很好地解决合作潜在的利益冲突②。麦克·唐纳尔德（McDonald，2002）提出，在共同的文化背景和长期交往基础上，产业集聚区内的企业间能够建立社会关系网络，并与行业协会、工会和金融

---

① 乔富华. 国内外产业集聚研究综述 [J]. 财经理论研究, 2010 (6): 96-99.
② 向世聪. 产业集聚理论研究综述 [J]. 湖南社会科学, 2006, 13 (1): 92-98.

机构形成相互信任关系,进而促进产业集聚。产业区位论的代表韦伯(Webber,1909)认为,成本节约是产业集聚的主要动力,若干企业集聚布局能够提高企业收益,降低劳动力、信息的搜寻成本。他还提出企业集聚有利于交通通信、电煤水等基础设施的共享,从而降低企业日常开支。新产业空间理论认为,决定一个国家或地区高新技术产业发展的重要因素,不是物质资本的数量与质量,而是与发挥人力资本相关的经济组织结构和文化传统的社会环境因素。斯科特(Scott,1992)运用交易费用理论解释产业集聚机理。他认为,以现存的社会文化准则为基础的制度安排是产业集聚的重要原因。创新环境理论认为产业集聚有助于提高产业区的技术和专业化水平,提高劳动力技能,增加中间品供给、物流、售后等服务,满足企业发展需求。萨克森尼(Saxenian,1994)认为,非正式联系能促进信息流动和技术创新,硅谷成功的原因是企业、大学、研究院所和行业协会间形成了区域创新网络[①]。罗森费尔德(Rosenfeld,1996)认为,信息的流动对产业集聚非常重要,因为频繁的交流和信息能够促进信息和知识的扩散和共享[②]。

在国内自下而上的产业集聚过程中,一些地区的历史文化、社会关系等非正式制度因素对产业集聚的推动作用也非常巨大。王缉慈(2001)在对羊绒产业集聚研究中发现,以家族关系、邻里关系或朋友关系等社会关系为基础的企业在生产、销售和采购等环节上的合作关系较为密切。汪少华、汪佳蕾(2002)在研究温州产业集聚案例中提出,温州的企业是沿着血缘、亲缘、地缘或友缘向外扩散的。可以说,温州企业间的"信任网络"是拉动产业集聚的基础,信任能够激发企业的"价值链与技术传递链"的整合机制,持续推动企业高度合作与协同发展,不断提高产业集聚水平。卞芸芸(2005)研究中山市沙溪镇服装产业集聚时发现,沙溪服装产业集聚的基础是由血缘、地缘或朋友关系形成的社会网络,本地社会网络能够增强企业的根植性。为了降低经营风险,企业间往往是先有人际交往关系,然后才建立稳固的业务联系。刘燕(2006)认为,以默契的口头契约为主的非正式制度能增强企业间的信任度,实现交易者的预期目的。王晓轩

---

① 方卫华. 硅谷高科技发展的社会基础:中介组织[J]. 社会学研究,2001(4):89-98.
② 李仙娥,刘光星. 国内外产业集聚理论研究现状评述[J]. 生产力研究,2010(5):249-251.

（2014）通过对沿海地区产业集聚中非正式制度的问卷调查和处理发现，信仰和习俗非制度因素能加快产业集聚，而以价值观为代表的社会关系却抑制产业集聚。

五、研究述评

制度环境是指人们在长期交往中自发形成并被人们无意识接受的行为规范，它具有相对稳定性。从文献研究来看，制度环境主要涉及法律制度、文化、社会规范和思想观念等方面。目前学术界对于制度环境尚未有一个统一的、中性的、规范的定义，学者在引用制度环境的定义时，往往都习惯追溯到制度的定义上。现有文献中关于制度对经济增长的影响的研究，多集中于制度的影响机制方面；对于制度的有效性及普遍性的研究多注重于经济、政治等宏观层面，对于行业层面和区域层面的研究甚少。实际上制度环境对于一个国家或地区也并非均质，这种不均匀分布将直接影响到制度环境的区域差异。未来在研究制度环境和产业发展的关系时，可以从产业对资源偏好入手来进行理论分析。

从以上研究文献来看，一些学者将制度环境的测度与政府治理水平相联系，认为政治治理是推动制度环境改善的动力。制度通常被理解为社会行为的博弈规则、政府对私有产权的保护、政府对行政权力、寻租行为的限制等。这些指标的选取基本上可以较全面地反映新制度经济学中对制度产生根源的认识，在一定程度上解决了制度环境测度的问题。但是，将制度环境与政治治理联系起来，在解决制度变量的测度问题的同时却忽视了非正式制度因素在产业集聚过程中的作用和影响，而且也仅仅考察了正式制度的部分绩效。另外，现有文献比较重视时间因素的重要性，他们认为制度的作用具有滞后性，如果数据选取不当，可能得不到制度环境与产业发展互相解释的结果，只有产业发展好的地区才有优越的制度环境。学者们注意到制度环境与产业发展的关系后，一些学者通过建立模型证明高质量的制度成本的高昂，只有在经济发达的国家或地区才能负担起完备的制度，才能对产权进行有效保护。那么，一个国家是先建立好的制度基础还是先发展经济就成了"先有鸡还是先有蛋"的难题（刘勇、周宏，2008）。总的来说，现有的实证研究从不同侧面得到了优良的制度环境对产业发展具有促进作用的结论。但是，他们的结论仍然不具有普遍性，因为对多数国家或地区来说，制度环境呈正态分布,有90%的样本会落在可信区间。然而,新制度经济学探讨的制度环境与产业发展的关系,并不仅仅强调制度的重要性,更是为了对不同的制度进行比较研究,解释制度与产业集聚的关系,进一步揭示制度变迁的深层次原因(王军、邹广平、石先进,2013)。

关于制度环境对高技术产业发展促进作用机理的研究。由于文献研究所依据的理论、方法、行业的选择和指标的测算存在差异,制度环境对高技术产业发展影响的实证研究相对较少。关于制度环境的实证研究较多集中在其对经济增长、对外贸易、对外直接投资、技术创新等方面,国际上通用的制度环境的测度指标多来自其他国家,而且制度环境对于一个国家或地区也未必是均质的,非均匀性制度环境度量直接影响分析结果。制度环境对高技术产业发展影响的不足之处有以下几方面:首先,与制度环境对经济增长影响的研究相比,制度环境对高技术产业发展影响的研究较少,而且多数实证都是从研究高技术产业发展的众多因素中引入某一制度因素,仅是简单分析制度因素对高技术产业集聚的影响,从单一的制度环境视角对高技术产业发展影响进行详尽的研究较少。其次,关于制度环境差异的研究多是针对国家层面的,研究区域间制度环境差异对产业集聚影响的研究相对欠缺。将高技术产业进行分类,进而研究制度环境对各类高技术产业集聚影响的研究也比较缺乏。最后,需要建立一套制度环境对高技术产业发展研究的框架体系,从经验中总结出适合于高技术产业发展的制度环境指标,将制度与制度环境有机结合,进行更为全面的研究,既能够解决概念偏差问题,又能够为后续研究打下理论基础。

高技术产业集聚是经济学中的研究热点之一。国内外学者多从区位优势、资源禀赋、文化背景、资本投资等角度对高技术产业集聚的区域差异做出了合理解释。但在目前城市向知识经济阔步迈进,制度环境在促进高技术产业发展中的作用越来越突出的背景下,这些理论无法对区域高技术产业发展水平的差异做出完美的解答。基于此,本书试图弥补传统产业集聚理论和新经济地理理论的疏漏与缺陷,从制度环境的视角,在新制度经济学和新经济地理学理论的基础上,构建制度环境对高技术产业集聚的分析框架,并解析其作用机理,从而对高技术产业集聚的区域差异做出更合理的解释。

第四节 研究内容及框架

一、研究内容

本书的研究内容主要围绕制度环境与高技术产业发展的问题展开,共有七章,各章具体研究内容如下:

第一章 绪论。本章主要阐述本书的研究背景、研究意义、国内外相关研究综述、研究内容、研究思路及研究的创新点。这部分内容是全书的纲领。

第二章 理论基础。本章分为四部分,一是高技术、高技术产业、高技术产业集聚等基本概念。二是从知识溢出和产业关联出发,阐述高技术产业集聚理论。三是制度、制度环境的内涵,制度的构成以及制度环境的代理变量的选择。四是促进高技术产业集聚的制度理论,如交易费用理论、产权理论和制度变迁理论等。

第三章 高技术产业发展的动力机制。在分析我国高技术产业总体发展趋势的基础上,首先,探讨了高技术产业的集聚机制。其次,计算了高技术产业发展水平,分析了高技术产业发展的变化趋势和空间分布。最后,分析了制度理论与高技术产业集聚之间的互动关系。

第四章 理论模型构建。本章以克鲁格曼的"中心—外围"模型为基础,研究企业的收益递增、交易费用和要素流通之间的相互作用是如何引起企业空间分布的变化的。接着根据市场需求分析,引入了制度环境,制度环境的区域差异对在供给和需求上具有前后向关联的高技术企业在某一地区发展的作用机理。

第五章 制度环境、制度环境稳定性与高技术产业发展。本章以新制度经济学、高技术产业集聚的溢出效应和空间依赖性为基础,运用空间杜宾模型研究了制度环境、制度环境稳定性与中国高技术产业发展之间的关系。为了更准确地分析三者之间的关系,本书利用面板数据分位数回归方法分析不同的分位点,制度环境、制度环境稳定性对高技术产业集聚的影响。

第六章 制度环境与高技术产业发展:来自城市的证据。本章从新制度经济学的视角，构建面板数据门槛模型对中国城市的制度环境与高技术产业发展的非线性关系进行了研究，研究结果表明，由于各城市所处的制度环境发展阶段不同，制度环境对高技术产业发展的促进作用具有显著的"门槛效应"。

第七章 研究结论及政策建议。主要进行政策研究、研究局限与展望，如何促进高技术产业发展，从制度环境视角提出了对策建议。

二、研究框架

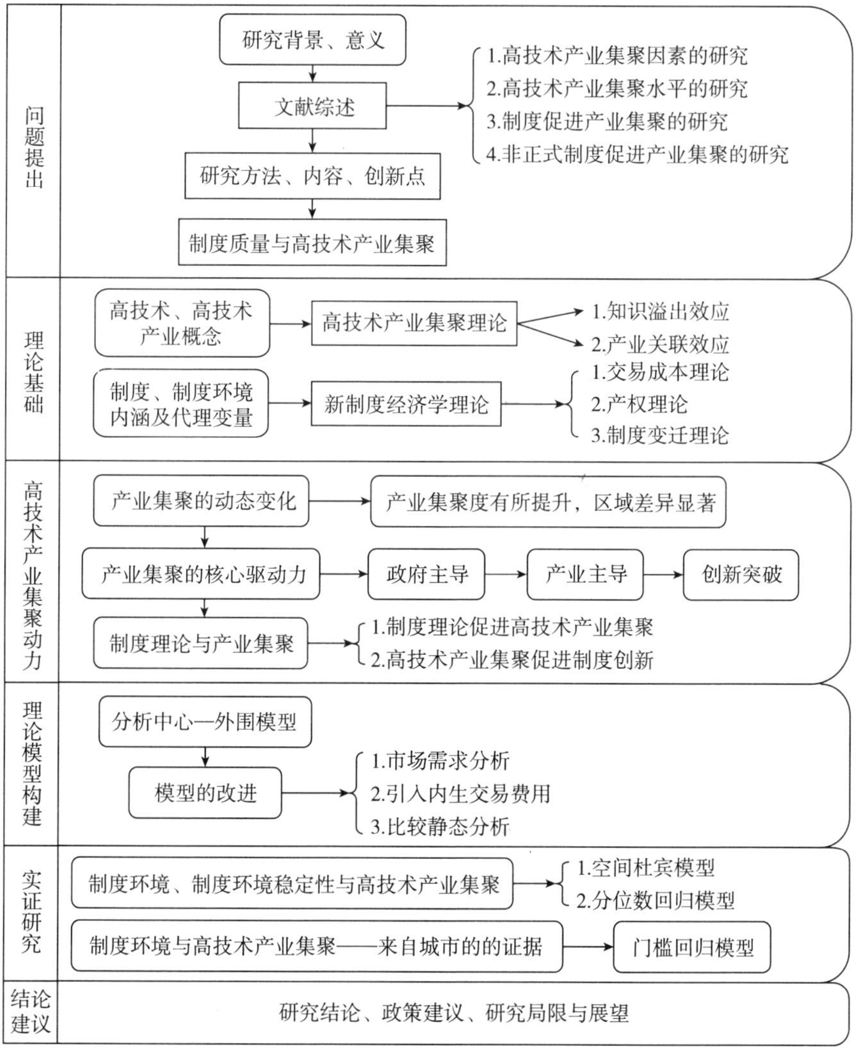

图1-1 本书的研究框架

第五节 研究方法

本书从中心—外围理论模型研究出发,同时在国内外研究文献归纳和述评的基础上,从新制度经济学的视角研究制度环境与高技术产业发展的作用机理,并通过构建空间杜宾模型、分位数回归模型及门槛模型进行实证研究得到结论。本书试图运用以下多种研究方法,对相关问题进行深入细致的探讨。

一、文献研究法

查阅与高技术产业集聚影响因素、高技术产业集聚水平测度、制度环境对产业集聚影响的理论与实证研究,并逐一对这些领域的经典文献进行梳理,归纳制度环境对高技术产业集聚的相关理论,引用这一领域专家学者的观点作为本书的理论支撑,为本书的实证研究提供了方法与理论上的研究基础。

二、空间杜宾模型

空间杜宾模型综合考虑了空间滞后的解释变量和被解释变量对被解释变量的共同影响。首先,要利用 Moran's I 进行高技术产业集聚的空间自相关性检验。其次,进行空间依赖性检验,并做出空间计量模型选择。最后,根据高技术产业的溢出效应和空间依赖性,运用空间杜宾模型进行回归分析,具体通过直接效应、间接效应和总效应反映制度环境与中国高技术产业集聚之间的关系。

三、分位数回归模型

分位数回归旨在研究自变量与因变量的条件分位数之间的关系,通常情况下,我们可以由给出的自变量估计因变量的条件期望。当被解释变量处于不同的分位点时,解释变量的影响不同,能够更加全面地反映两者之间的关系。本书选取 0.1、0.25、0.5、0.75、0.9 五个代表性分位点,研究制度环境对高技术产业集聚的影响。

四、门槛回归模型

门槛回归模型旨在解决自变量与因变量之间的非线性相关、波动的集聚性或跳跃现象、时间的不可逆性等现象，门槛变量根据理论模型外生选择。为了避免人为划分制度发展阶段产生的偏差，本书采用 Hansen 的面板门槛模型回归，根据门槛值来划分制度环境区间，进而研究不同区间内制度环境与高技术产业发展的非线性相关关系。

第六节 本书的创新点

一、通过研究制度与高技术产业发展的关系，为研究高技术产业发展提供新的视角

吴敬琏在《发展中国家发展高新技术产业：制度优于技术》中提出，一个国家或地区是否拥有一套有利于创新活动开展的以及人的潜能发挥的制度安排、社会环境和文化环境是其高技术产业发展快慢的决定因素。政府的主要职能是为高技术产业发展提供良好的制度环境，就是以高技术企业全要素需求为出发点，吸纳和汇聚物流、资金流、信息流和人才等要素资源，形成"场效应"，是国家或地区吸引力、创造力、竞争力的直观体现（刘筱、王铮、赵晶媛，2006）。经济学的任务是对现实进行经济解释，对于致力于研究中国高技术产业发展的经济学人来说，应该对近30年来高技术产业取得的巨大成就，给予一定的理论解释，因为多视角的研究不仅可以更好地解释高技术产业的发展，而且可以提高经济学对高技术产业的解释力。根据现有文献，国内关于制度与高技术产业集聚关系的研究，大多是从制度的某一侧面如政府行为、财税政策、产权保护等方面着手，研究制度与高技术产业的关系。近年来，从制度安排、专利制度、市场化水平等角度研究高技术产业发展的文献逐渐增多。本书尝试从新制度经济学的视角，构建制度环境指数，进而具体、动态地揭示制度环境对高技术产业发展的作用机制。

二、尝试构建符合中国国情的高技术产业发展理论分析框架

从现有的文献来看,高技术产业快速发展是建立在溢出效应、知识溢出的空间局限性、产业关联和外部性理论基础上的。显然,这些理论并不能全面解释中国的高技术产业发展历程。中国的高技术产业起步晚、发展快,如何构建符合中国特色社会主义市场经济体制,如何搭建以政府为主导、企业为主体的高技术产业发展的理论分析框架,并以此来分析区域间高技术产业协同发展的关系是值得经济学人深入研究的问题。本书试图给出制度环境对高技术产业发展具有显著推动作用的解释。笔者认为,高技术产业发展要遵循自身的科学规律和经济规律,其中,良好的制度环境和高效率的经济组织对产业的发展起着至关重要的作用。制度环境的改善能够降低交易费用、提供激励机制、为高技术产业发展提供服务、创造条件推动合作等,而交易成本的大小是衡量资本、技术、人才流入的重要标准(陈博、尚晓贺、陶江,2016)。高质量的制度还可以通过提供信任、有效的产权促进组织之间的交易活动,降低生产和流通成本,提高人们从专业化分工、贸易和生产中的收益,随着人们收入水平的提高。可以说,在现代经济中,资本、技术、人口、资源等传统因素对高技术产业发展的影响远弱于制度环境。

三、对中国实际进行经验验证,实证分析制度环境与高技术产业发展的关系

本书尝试揭示制度环境对高技术产业发展的作用机制,在控制经济地理、新经济地理因素的基础上,将制度环境作为解释变量引入高技术产业发展的分析框架。由于高技术产业集聚具有显著的溢出效应和空间依赖性,将空间杜宾模型与分位数回归相结合,准确分析制度环境、制度环境稳定性与高技术产业集聚的关系(第五章)。高技术产业总是优先选择在经济发达、产业基础雄厚或政府政策支持力度大的地区发展,在城市间的集聚差距显著,而且从分位数回归中得出,制度环境与高技术产业发展之间存在非线性相关关系。鉴于此,本书又选取112个城市为样本,利用门槛效应模型,估计制度环境对城市高技术产业发展影响的门槛阈值,继而将样本城市按制度水平分为低、中、高三个区间,分别研究制度环境的影响程度。通过这些实证分析,以期为各地政府制定促进高技术产业发展的制度环境建设、采取合理的政府行为提供参考。

第二章 理论基础

第一节 相关的概念和分类

一、高技术、高技术产业等概念

"高技术"一词源于美国,美国国家科学院1971年在《技术和国家贸易》中首次提出高技术的概念。美国学者A. Nloisog认为,高新技术产业是研究和开发高技术密集型产业,在其研究的基础上,美国商务部采用研究与开发(R&D)强度和科技人员密度两种指标界定高技术产业。日本将高技术产业定义为:资源和能源消耗少,经济增长快,智力和技术投入大,技术创新效率高,能在未来占领部分市场并对相关产业产生较大影响的产业。澳大利亚科技部把高技术产业定义为:研究与开发经费以及科学技术人员投入多,利用尖端技术生产新产品的产业。在法国,高技术产业是指投入大量的高素质劳动力,使用生产线生产某种新产品,该产品占据一定的市场规模且形成分支产业。

在中国,高技术的发展源于1986年3月的《高技术研究发展计划纲要》("863"计划)。1988年8月,国家科技部实施的国家火炬计划将高技术拓宽为高技术、新技术,即高新技术。高新技术是根据中国当时科学技术的实际发展水平,基于强调消化吸收国内外高技术和新技术的思考提出来的。20世纪90年代以来，为与国际上保持一致，"高技术"一词得到了普遍应用。高技术产业是指知识密集、技术密集的企业，他们利用高技术进行技术创新或生产高技术产品。需要指出的是，高技术的"高"是相对于传统技术而言的，某些技术在发展中国家属于高技术，但在发达国家可能相对已经落后，属于一般技术（朱冰冰，2013）。高技术是一个动态的概念，随着科技的发展，现阶段的高技术可能十几年后会沦为普通技术，而被更高的技术代替。

高技术与高新技术的区别。在中国，高新技术是指知识高度密集、高技术附加值，能带来经济高速增长，具有高增值作用，并能够向经济、军事和社会各个领域广泛渗透、对经济和社会发展产生重大和深远影响的新兴技术（孙静娟、戴忻、杨际昌，2008）。高新技术具有高智力、高效益、高竞争、高风险、高战略、高渗透、高投入等特点。由于科学技术的更迭速度快，高新技术也是一个动态的、相对的概念。准确地说，高新技术包括"高技术"和"新技术"，高技术的划分以当代科学技术水平为参照，包括信息技术、生物技术、新材料技术、新能源技术、航空航天技术和海洋开发技术等；新技术则是指填补国内外空白的技术，或者在产品的生产过程中应用了新工艺、新机器或新设备，可能没有涉及产品的生产方式或中间产品的生产，可以作为技术发展过程中出现的相对新颖的技术形态的代表。

高新技术产业与高技术产业是两个不同的概念。高技术产业是指用新兴尖端技术生产高技术产品的研究、生产和技术服务的企业集合，该产业的关键技术的开发难度很大，开发过程中需要投入很高的研究开发经费和专业技术人员（张晶，1997）。高技术产业是动态的、不断发展的概念。其主要特点有：①高知识和技术密集度。高技术产业以最新科技研究成果为基础，其发展需要投入大量的高智力人才和先进的设备。②高附加值。高技术产品的生产节约资源，能耗低，产品更新换代快。由于技术创新难度大，高技术产品的技术优势可以换取高额垄断利润。③强渗透性。某一高技术成果的成功推广，可以带动若干相关企业的发展。这一高技术甚至可以渗透到社会、生活的方方面面，优化产业结构，改变传统的生产、生活方式，带来可观的社会效益和经济效益。④高风险。高技术产业的科技创新处于科学技术的前沿阵地，投资巨大。高技术成果的研制和转化受技术、市场、管理等诸多不确定性因素的影响，事先难以预计、不可控制，因此，高技术产业的发展具有很高的风险。

由于各国所处的经济发展阶段、所处的社会背景以及所依据的理论框架不同,在对高技术产业概念的理解上不完全一致,所以目前国际上对高技术产业的界定尚不统一。国际上多依据R&D经费强度或R&D人力强度确定高技术产业。经济合作与发展组织（Organization for Economic Cooperation and Development,OECD）主要从研究与开发经费支出的方面定义高技术产业,认为高技术产业是指研发经费支出占工业总产值的比重明显高于各产业平均水平的产业。1986年,OECD按照一个行业的R&D经费占工业总产值的4%作为高技术产业的划分标准。1994年,随着科技进步和行业R&D强度的变化,OECD把该标准提高到8%。

高新技术产业指以高新技术为基础,进行一种或多种高新技术机产品的研发、设计、生产和技术服务的企业集合,这些企业的核心关键技术开发难度极高,一旦开发成功,就能够产生较高的经济效益和社会效益（朱冰冰,2013）。高新技术产业产品的统计依据是,所有与新科学技术有关的产品均属于高新技术产品。所以说高新技术产业与高技术产业的统计口径并不一致。从制造业来说,新技术产品并不一定是高技术产品,其更偏重于新技术。同样,高技术产品中,有的是新技术产品,有的不是新技术产品。高技术产业与高技术产业的区别如表2-1所示。

表2-1 高技术产业与高新技术产业的区别

	高技术产业	高新技术产业
划分标准	按技术密集程度划分	按"新产品"划分
可操作性	可用定量分析的办法划分	按对象的特征划分
分类特点	技术资源密集度高	对象的特征不明显
分类范围	涉及少数行业	涉及众多行业,包括传统产业
可比性	是国际通用做法,可作国际比较	无国际标准,没有可比性

一个国家高新技术产业的界定必须符合本国国情,才能快速形成比较优势,进而发展成为具有国际竞争力的高新技术产业。1986年中国国务院颁布的《高

技术研究发展计划纲要》("863"计划)将以下八大领域界定为高新技术：生物技术、航天技术、信息技术、激光技术、自动化技术、能源技术、材料技术和海洋技术。2003年7月国家科技部将高新技术调整为：微电子科学和电子信息技术、空间科学和航空航天技术、光电子科学和光电一体化技术、生命科学和生物工程技术、材料科学和新材料技术、能源科学和新能源、高效节能技术、生态科学和环境保护技术、地球科学和海洋工程技术、基本物质科学和辐射技术、医药科学和生物医学工程、其他在传统产业基础上应用的新技术、新工艺。因此，高新技术产业是一个中国特色的词语，国际上没有高新技术产业的说法。准确地说，高新技术产业包括高技术产业和新技术产业两部分，高技术产业与国际上的产业划分基本一致，具有可比性。

二、高技术产业的分类

在众多的高技术产业的分类中，以OECD的分类标准最具有代表性，很多国家都在此基础上进一步分类。1986年，OECD选取其13个成员国1979~1981年22个制造业行业数据，并对这些行业的R&D经费强度进行了计算，将R&D强度较高的六大类行业确定为高技术行业：医药制造业、航空航天制造业、计算机及办公设备制造业、电气机械及设备制造业、专用科学仪器设备制造业等。1994年，OECD选取R&D经费占工业总产值的比重、R&D直接经费占工业增加值的比重及R&D直接经费占工业总产值的比重三个指标，又对22个制造业行业的R&D强度进行了计算。结果显示，专用科学仪器设备制造业、电气机械及设备制造业的R&D强度明显下降，将其从高技术产业中剔除。2001年，OECD根据13个成员国1991~1997年的平均R&D经费强度，将制造业中的航空航天制造业、医药制造业、计算机及办公设备制造业、电子及通信设备制造业、医疗设备及仪器仪表制造业五类产业确定为高技术产业（李恒，2005）。本书对高技术产业的研究为此范畴。

一个国家不能按照其他国家的模式来界定高技术产业，而应该按照本国的国情选择和发展本国的高技术产业，从而形成具有较强竞争力的高技术产业。借鉴OECD关于高技术产业分类所采取的指标，中国界定高技术产业的指标选取遵循以下标准：①界定指标的选取应具有国际可比性；②高技术产业的划分应保证产业类别的完整性,尽可能遵循国际标准划分;③依据产业 R&D 强度的变化应适时调整高技术产业的分类(孙静娟、戴忻、杨际昌,2008)。目前中国所使用的高技术产业的分类是依据 OECD 2001 年的分类标准重新划分的,将 R&D 经费占产品销售总额的 7.1% 以上的产业划分为高技术产业。具体产业类别如表 2-2 所示。

表 2-2 中国与 OECD 高技术产业分类对比

中国(2017 年)	OECD(2001 年后)
医药制造业	医药品制造业
航空航天制造业	航空航天制造业
电子及通信设备制造业	计算机及办公设备制造业
电子计算机及办公设备制造业	电子及通信设备制造业
医疗设备及仪器仪表制造业	医疗器械及科学仪器
信息化学品制造业	

第二节 制度与制度环境的内涵

一、制度的内涵

制度一直以来都是经济学家研究的热点问题,经济学家、社会学家、政治学家都从各自的角度提出了许许多多制度的概念。但到目前为止,学术界还没有形成对制度公认的概念。古典经济学家 Adam Smith(亚当·斯密,1776)在《国富论》中提出的"看不见的手"的命题,就是对社会制度安排的论述[①]。制度经济学派提出"制度"的概念之后,制度开始作为独立的命题被纳入经济研究的主流。制度经济学派的鼻祖 Veblen(凡勃伦,1899)在《有闲阶级论》中提出,

---

① 陈建华. 亚当·斯密经济增长思想评析[J]. 理论界,2007(12):70-71.

制度是人们在生活中形成的对某些社会关系的认知态度或思维习惯。他还指出，经济秩序是构成社群结构的主体，对于某一企业或经济体机构，制度就是社群中的个体在其生活的环境中接触到的为继续其生产活动的习惯方式。早期制度经济学的代表 Commons（康芒斯，1934）从政治经济学的角度对制度经济学进行了继承和发展，他把制度喻为"一座建筑物"或"一种法律和规章的机构"，个人在建筑物或机构里面可以自由活动。与其他新制度学派的观点对比，他们对制度的理解基本一致，制度就是"习惯"或"机构"。Schultz. T. W（西奥多·舒尔茨，1968）从社会经济学角度将制度定义为一种行为规则，这些规则涉及社会、政治及经济行为。根据制度理论，国家或地区的制度环境会对高技术产业发展产生重要的影响。

新制度经济学派出现以后，关于制度的研究得到了真正发展，对"制度环境"的分析也真正开始。新制度经济学派的代表 Douglass C. North（道格拉斯·诺思，1990）认为，制度是社会上的一种"游戏规则"，更规范或者更正式地说，制度是为了规范或约束社会成员的行为和人际关系而设定的规则，分为正式制度和非正式制度两种。他提出为了杜绝交易中的机会主义，减少交易的不确定性，有必要建立一个保证制度能够得到有效实施的稳定机构，进而降低交易费用。

从社会的发展历程看，制度可以增进秩序，进而降低成本、提高收益。制度具有系统性、时代性，不断演化是制度的最大特点，且具有一定的演化规律。Acemoglu 和 Johnson（阿西莫格鲁和约翰逊，2003）认为，制度分为经济制度、文化制度、教育制度和政治制度等。经济制度包括产权制度和合约制度，产权制度是规范和协调行为主体在财产占有方面的规则、准则，其表现形式是法律制度，其作用体现在规范作用和社会作用两方面。合约制度主要是为了降低交易费用、避免失误，并提高经济效益。政治制度是为了激励和约束国家的政治领袖或某些社会组织行为的准则、规范，主要有民主、独裁、集权和专政等政府组织形式。制度是解析组织结构和经济增长速度的切入点，也是降低成本、提高资源利用率、加速经济增长的原动力，经济体内个体或组织的经济行为、要素的集聚发展、经济绩效都是政治经济制度作用的体现。尽管不同国家的资源禀赋和经济发展水平可能相当，由于所处的政治制度环境不同，他们会选择截然不同的经济发展道路和经济增长方式。Acemoglu 等（阿西莫格鲁等，2004）认为，由于经济制度对个体或者组织的经济行为具有很大影响，产权结构、交易费用及市场的完善程度等经济制度对经济发展至关重要。如果没有产权，人们就没有投资的积极性，又何谈生产产品呢？虽然区位和传统文化对经济增长速度有很大影响，但造成不同国家或地区经济发展水平不同的根本因素是经济制度。经济制度既是决定当前经济增长速度的重要因素，也是决定未来收益分配的主要因素。

著名社会学家 Richard Scott（理查德·斯科特，1995）认为，制度是指能确保社会稳定发展，并对人类的社会行为具有指导作用的规章、规范、可认知的架构及活动。他还进一步指出，正式制度包括规章制度、公正的经济合约及决议，非正式制度包括被社会认可的文化和意识形态领域的行为准则。Mike W Peng（彭威刚，2006）在 Scott 研究的基础上设计了制度的纬度，并完善了制度架构。他认为制度框架由支配个人及企业行为的正式制度和非正式制度组成。正式制度包括法律、规章和规则；非正式制度包括规范、文化和伦理。这些制度分别由规则支柱、规范支柱和认知支柱三个"支柱"依次支撑。规则支柱意味着政府的强制执行权。规范支柱是指市场上相关竞争者的价值观、信仰和规范对个体或企业的行为如何产生影响。认知支柱是引导个体或企业行为内化为习惯的价值观和信仰。

国内学者邵军和徐康宁（2008）认为，制度是指所有约束人们活动的规则。最基础的制度是那些与合同、产权相关的法律条文，制度也有质量优劣之分，高质量的制度是指大家都认可的、内容完备的、执行力度较强的制度体系。内生制度变迁理论的代表 Avner Greif（阿夫纳·格雷夫，2006）将制度定义为由规则、规范和信念等非物质因素组成，它们构成一个能够促进社会行为秩序稳定的系统。在 Greif 对制度定义研究的基础上，Alonso 和 Garcimartin（阿隆索和加西马丁，2011）认为，高质量的制度对行为主体从事高回报率的经济活动有较大的激励作用；相反，低质量的制度则会误导行为主体从事一些无益于社会的活动。他们还提出了制度的质量评判标准：静态效率、公信力、安全性和适应性。综合前人对制度内涵的理解，笔者将制度理解为在一定社会历史条件下形成的要求大家共同遵守的行为规范、规则体系或办事流程等，其作用主要是影响要素的配置结果。

二、制度的构成

根据制度的起源和作用机制,制度分为正式制度和非正式制度两大类。正式制度指为了维护稳定的社会经济秩序,由国家或组织明文规定并保证实施的政策法规,如法律、规章、契约,以及这些政令法规构成的等级结构,它们组成人们的日常行为准则。正式制度在一定程度上可以代表政府机构或组织,它们是历史发展到一定阶段出现的,构成了相应时期政府机构的行动逻辑和框架。正式制度通过相关组织进行监督并强制保证实施,通过法律、规章制度等刚性手段来体现。

非正式制度与正式制度相对,是在人们长期交往中逐渐形成并得到社会认可的习俗或共同遵守的行为准则,包括信仰、风俗、文化、伦理及道德等。非正式制度是自发产生的,在非正式制度中,意识形态居于核心地位,它常以指导思想的形式构成正式制度的基础。从制度的发展历程看,正式制度源于非正式制度。在正式制度产生之前,主要依靠非正式制度维持人与人之间的社会关系,在当今社会,正式制度也只占制度的一小部分,人们日常生活事务的处理依然靠非正式制度来制约。非正式制度主要通过传统习惯、道德观念和精神修养等柔性手段来执行。正式制度与非正式制度是统一的,具有互补性和替代性。当正式制度缺位时,为确保社会经济的正常运行,由非正式制度提供制度安排,我们通常使用的人治和法治,分别对应非正式制度和正式制度。

总的来说,不管是正式制度还是非正式制度,均是通过一定的实施机制规范人们的行为、降低交易费用、降低外部性作用,保证社会经济稳步发展。正式制度一般通过政府机构或组织监督而确保实施,非正式制度则主要通过行为主体的精神追求、道德修养、信仰、行为习惯等内省和外部舆论机制实施。违约成本的高低是检验制度实施成效的标准。通过强制力保证实施的制度,违约成本最高,意味着违约需要付出高昂代价。

制度是规范人们行为的规则总和,各种制度通过有机联系、相互作用、互补替代构成一个整体,任何一种制度都不能脱离其他制度单独发挥作用(霍丽、惠宁,2007)。各种制度的协调发展是确保制度高效运行的关键,正式制度与非正式制度的耦合协调度决定着制度的总体运行效率。非正式制度作为正式制度的必要补充，对正式制度作用的发挥具有重要作用，如信任是解决集体行动、稳定社会秩序的有力武器。同样，非正式制度常常依靠正式制度发挥作用。一般来说，正式制度可以人为制定或引进，并强制实施。但是，由于正式制度的实施需要监督、检查、考评、奖励或处罚等，需要借助组织监督或强制实施，执行成本较高，时常还会受到技术障碍难以普及。因此，如果仅仅依靠正式制度规范人们行为，就会大大降低制度安排的效率，甚至使之失效。相反，非正式制度是一个团体的行为规则，不能够被完全清晰地表述，主要通过行为主体的自省、外界舆论或惩罚来执行。与正式制度相比，它实施的环节少、成本低。当然，非正式制度也存在缺陷，如非正式制度是在共同的信仰、价值观、风俗习惯等基础上形成的，难以在大范围内发挥作用。正式制度与非正式制度对立统一，在一定条件下可以相互转化，只有它们相互配合、协调发展，才能充分提高制度的运行效率。

制度的作用在于规范人们的行为，调节行为主体之间的关系，降低交易费用，减少信息的不确定性，尽力排除阻碍合作的因素。随着社会分工的发展，交易范围逐渐扩大、交易频率不断提高、交易程度不断深入，人们的行为预期难度不断增加，制度的重要性日益凸显。

三、制度环境的内涵

制度环境是对制度状态的客观描述，目前学术界还没有一个统一的、规范的定义。制度环境本身是一个中性的概念，并无优劣之分。为了将制度分析内生化，制度经济学家在文献研究中，依据制度与相关对象的关联度，将制度分为制度安排与制度环境。制度安排是直接制约和支配人们经济活动及其相互关系的规则，制度经济学中使用的制度概念通常是指制度安排。制度环境是一系列用来建立生产、交换和分配基础的基本的社会政治、经济和法律制度。制度经济学一般把制度安排看成是经济过程的内生变量，把制度环境看成是经济活动的外生变量。制度环境规定了制度安排选择的空间或选择集合，并对制度安排效率产生重大影响。两者是相互联系的，两者的区分具有相对性。学者们在描述制度环境的优劣程度时，通常会引用相关词汇进行界定。例如，在描述"好制度"时，常从制度的透明度、可持续性及稳定性等方面来刻画。制度透明度是指大众准确获取关于金融市场、法律法规、政府政策、税收、规范、伦理、腐败及习俗等正式或非正式信息的便利程度，注重这些制度被传播、被应用、被普及的程度。制度的可持续性和稳定性则侧重于制度是否具有可持续性，制度能否支持经济的长期稳步发展，考察的是制度促进经济发展的时间长度或能力。对于"坏制度"，人们常常用制度波动性、变革及腐败程度等来描述。制度的波动性是指对国家经济稳定发展的波动及其弹性或响应敏感度的反映。对于资本市场来说，制度风险是处于不同制度环境下投资者所面临的风险，包括金融、税收、经济、投机、社会信任等受到制度影响的方方面面。腐败程度则是对官僚主义行为的度量（薛有志、严子淳、杨慧，2014）。

不同的研究视角对制度环境的界定和侧重点不同。在经济学方面，对制度环境的研究源于新制度经济学对新古典经济学零交易费用的修正。新制度经济学家提出在市场经济组织中存在交易费用，一般来说，资本特性越高，交易费用越高。在金融产业方面，制度环境代表风险投资受保护的力度和创业者获取外部资源的多少。邵军和许康宁（2008）认为，高质量的制度应当具有完备的、公信力和执行力较强的制度体系。政治社会学家对制度环境的研究源于社会学中的政府执政过程中腐败问题的研究。政治社会学家认为，制度质量指官僚制度、权力监管、法治、腐败和法律法规的集合（Dreher 等，2009）。优质的制度应当包括有限政府权力、执政不官僚不腐败、财产权利有保障的法律、合理的税收政策组成（La Porta 等，1999）。Beck 和 Levine（2003）认为，高质量的制度应该能够有效地保护产权、合约、债权人及法人的权利。在公共管理学方面，制度环境的研究源于政府工作效率和对政府执政风险的判断。Olsson（2005）认为，地理位置是影响一个国家制度环境的重要因素。

四、制度环境的代理变量

制度环境是一个比较复杂的体系，涉及各方面制度的质量衡量，其价值体现在竞争力、收入差距、政治治理、社会和谐及企业家活动等方面（黄晓玲、王丽芳，2017）。制度环境具有双重性：一是作为一种机制，它是从制度到要素配置到结果的正反馈过程，对行为主体和生产要素有正向激励作用；二是制度环境是机制运行的结果，它与经济绩效的关系紧密。一般来说，制度环境越好的地区，产业发展的速度越快。对制度环境的度量是学者公认的较具有挑战性的工作之一，需要对经济制度、社会环境、政治等方面进行综合度量。在众多测算制度环境的指标中，用加权指数法得出的并作为国际比较的主要有世界银行发布的世界发展指标（WDI）和全球治理指标（WGI）子数据库、国家风险国际指南（ICRG）提供的包括中国在内的200多个国家的政治风险指数、国际货币基金组织（IMF）年度报告、美国商业环境风险情报研究所提供的富兰德指数（FL）、美国自由之家（Freedom House）提供的世界自由之家指数（FHI）、透明国际（TI）发布的全球清廉指数（CPI）、世界经济论坛（WEF）发布的全球竞争力指数（GCI）。一个国家内部各个地区的政治制度、经济制度、文化制度等都是完全一致的，因此，针对一个国家内部各地区的制度环境的度量不能使用这些指标。从国内的研究成果看，测度制度环境的综合性指标有樊纲市场化指数、产权保护指数、营商环境指数等。董志强、魏下海、汤灿晴等（2012）利用中国30个城市的营商环境数据为制度环境的代理变量，研究了制度环境与经济增长的正反馈关系。邓路、谢志华、李思飞（2014）在利用市场化指数测度地区制度质量的基础上，验证了制度和经济增长的正相关关系。

学者在研究地区之间的制度环境差异时，代理变量多选用可观测的经济变量，如民营经济的发展、公共服务质量、市场化进程、政府干预、经济的外向度和对知识产权的保护等。现有文献说明，"代理变量"在验证制度环境与经济增长关系方面是一个相当有效的方式。Coe、Helpman、Hoffmaister（2009）选取创业的难易程度、高等教育质量、专利保护和法律环境四个代理变量来度量制度环境。郭建万、袁丽（2009）选取对外开放程度和企业市场化程度为制度环境的代理变量，对自然资源丰裕、制度质量与经济增长的关系进行了研究，发现自然资源丰裕度对经济增长的影响为负，制度质量是主要的传导机制。肖利平、郭熙保（2011）认为，制度环境的代理变量应促进技术吸收、与创新联系密切，他们选取市场化指数、民营经济的发展、法治环境、经济外向度和政府干预等指标作为制度环境的代理变量。郭苏文、黄汉民（2011）利用金融市场化程度、对外开放度、城市化水平、市场化程度等五项指标衡量中国各地区的制度质量。张莉、黄汉民、郭苏文（2014）在研究制度质量与中国区域经济增长差异之间的关系时，选用产权关系、对外开放程度、政府效率和合约实施制度质量四个指标衡量各地区的制度环境。陆军、熊衍飞（2014）借鉴Demetriades和Andrianova（2004）、

Klein 和 Ito（2006）等的研究，选取 ICRG 数据库收录的官员腐败、法律法规、行政机构效率、政府公信力和投资者保护五个指标的算术平均值作为制度环境的代理变量，研究了资本账户开放、制度质量与经济增长之间的关系。

第三节　新经济地理学框架下的高技术产业集聚理论

一、知识溢出促进高技术产业集聚

现有的文献研究表明，绝大部分的技术创新成果来自制造业，高技术产业发展对技术创新具有重要的导向作用。发达的市场、劳动力池、便利的交通条件及产业的区位指向性为高技术产业的知识溢出提供了有利条件。Jacobs（1984）的研究指出，产业集聚区内员工之间的正式、非正式交流有助于产生创新灵感，也加快了信息的扩散①。事实上，如果员工缺乏继续学习、相互交流的机会，自身能力得不到提高，就很难在工作中实现大的突破。知识溢出的便利解释了高技术产业集聚区为何在高昂的成本下快速发展的原因。

近年来，经济学家的研究成果表明，知识溢出的外部性是高技术产业集聚的引擎。空间上的地理邻近使知识的传播更为顺畅，可以说高技术产业集聚带来的知识溢出在高新技术产业区发展中的作用至关重要。而且，相对于山川、海洋等地理屏障来说，高技术产业的黏性知识在集聚区内的传播更快。关于知识溢出的研究文献表明，某一厂商的技术创新成果的推广，将会促进关联产业生产效率的提高。知识溢出促进产业集聚的机制，可以从以下几方面探讨：

1. Marshall – Arrow – Roomer 的理论研究

Marshall – Arrow – Roomer（MAR）外部性的核心是专业化溢出。"MAR 溢出"是对 Marshall、Arrow 和 Roomer 三位先驱者贡献的高度概括。1890 年 Alfred Marshal（阿尔弗雷德·马歇尔）在其著作《经济学原理》中首次提出"内部经

---

① 张元智. 产业集聚与区域竞争优势探讨 [J]. 国际贸易问题，2001（9）：33 – 36.

济"和"外部经济"的概念①。他认为内部经济是指由于生产规模扩大带来的分工的细化、专业化程度的提高和管理水平的提高等因素使企业生产效率提高。外部经济是指由于区位优势、劳动力池、市场需求扩大、便利的交通通信条件等来自其他企业的影响而使生产效率得以提高。在城市研究方面,Alfred Marshall(阿尔弗雷德·马歇尔,1890)指出,某一产业在城市中的集聚促进了企业间的知识溢出和信息交流,进而推动产业发展和城市的经济增长。美国硅谷的计算机产业和日本新竹工业园区的电子产业的发展都是最好例证。模仿、协同创新、创新成果的产业化和高科技人才的流动使黏性知识在邻近的企业间快速传播。Arthur Cecil Pigou(庇古,1920)在《福利经济学》一书中提出,"外部性"分外部经济和外部不经济两种情况。他利用边际分析方法,认为当边际私人净产值小于边际社会净产值时,将产生外部经济;否则,将出现外部不经济,导致市场失灵,无法实现社会资源的最优配置。Coase(科斯,1960)在《社会成本问题》中提出市场是解决外部性问题的最佳方式,产权制度是实现社会资源最佳配置的基础。他认为当交易费用为零且产权清晰时,可以通过协商的方式解决外部性问题;当交易费用不为零时,需要通过政策手段解决。

Arrow(阿罗,1962)最早解释了知识溢出对经济发展的重要作用,在《干中学的经济含义》中提出了"干中学"和"学习曲线"两个概念。他认为知识具有共享性,能够产生"溢出效应"。企业的投资在积累生产经验提高生产效率的同时,还可以通过示范效应使其他企业通过学习来提高生产效率,进而使全社会的劳动生产率得到提高。Romer(1986)在Arrow(1962)的"干中学"概念的基础上,构建了知识溢出模型,他假定知识是一种资本品,具有边际递增效应。他认为,溢出效应是知识与普通商品的本质区别,由于知识外部性的作用,某一厂商的知识投入产生的溢出效应最终将提高全社会的劳动生产率。他还指出,由于行业内企业间的技术差距较小,更容易发生知识溢出,进而实现区域规模经济效益。相对于竞争市场来说,他们一致认为垄断市场更利于知识溢出、技术创新和经济增长。

---

① 张宏军. 西方外部性理论研究述评[J]. 经济问题,2007,330(2):14–16.

2. Jacobs 溢出理论

Jane Jacobs（简·雅各布斯，1969）在《城市经济学》中提出城市化的外部性，她认为不同产业在空间上的集聚具有"相互孕育"的作用，既有利于产业间的知识溢出，又能够加快技术的推广和地方竞争，进而促进城市经济增长[1]。Jane Jacobs（简·雅各布斯，1985）提出，产业间的知识溢出效应源于差异较大的企业间对新知识应用过程中产生的互补性交流。某一产业的特殊需求能够推动区域内相关产业的发展，某些产业的创新同样能够带动其他产业的创新活动。相对来说，MAR 外部性认为产业集聚专业化水平的提高能够促进技术创新；源于产业在空间上集聚的互惠作用，Jacobs 强调多样化和差异化集聚能够促进技术创新和经济增长。也就是说，由于异质性企业的竞争性不强，某一地域内产业集聚的多样化和差异化水平越高，知识溢出效应越强，进而促进技术创新和经济增长。产业的多样化集聚能够促进产业间的分工，吸引不同专业人才集聚，加快知识、技术在区域内传播，营造区域创新氛围，增强区域创新能力。

换句话说，Jacobs 溢出效应的结果在增加产业多样性的同时会带来人才多样性、文化多样性及城市功能的多样性。多样化的发展在促进城市经济增长的同时能够推动产业间的分工、互补效应和市场竞争，多样化人才的集聚和流动带来信息交流和创新动机。技术创新成果和黏性知识在产业间的扩散，满足不同产业发展和人才的就业需求，并带来社会的稳定和谐发展。此外，Jacobs 还提出竞争市场比垄断市场更利于技术创新和知识溢出，产业集聚区的发展意味着区域内企业数量的增加，企业间的竞争加剧，使企业的技术创新更具有挑战性和竞争性，企业间的竞争为那些在某一领域具备专长的企业入驻提供了机会，就是"入门效应"。

3. Porter 溢出理论

Michael E. Porter（迈克尔·波特，1990）提出了一种与 MAR 溢出类似的外部性理论。他认为市场竞争更有利于知识溢出，进而促进经济增长[2]。Michael E. Porter

---

[1] 彭向，蒋传海. 产业集聚、知识溢出与地区创新——基于中国工业行业的实证检验 [J]. 经济学（季刊），2011，10（3）：913-934.

[2] 王立平，孙韩. 知识外部性与知识溢出 [J]. 科学经济社会，2007，25（1）：39-42.

认为，产业集群是集聚在某一空间地域内，包括具有业务联系或投入产出关系的若干企业以及提供教育、信息服务、技术咨询、金融、物流、售后服务等机构。空间上的邻近布局，可以降低交易费用，并提高生产效率和创新收益。集群形成之后处于动态演化中，形成核心竞争力和发挥竞争优势是集群得以发展壮大的根本动力。Michael E. Porter（迈克尔·波特，1990）在研究中发现，产业集群是工业化进程中的普遍现象，所有的工业化国家都存在不同种类的产业集群。产业集群的竞争优势的形成不外乎三种方式：一是空间上的邻近、劳动力池和知识溢出提高了集群内企业的生产效率。二是集群内的企业能够降低创新成本。企业间的交流降低了信息搜寻成本，增加了创新灵感和创新机会，相互模仿能够推进创新成果的快速推广，提高企业的生产率。三是集群降低了企业的进出门槛。集群提供了资本、技术、信息、技术咨询等生产要素，有利于新企业的诞生和集群规模的扩大，进而提高竞争优势。集群内的企业既竞争又合作，竞争力较强的企业会催生相关产业，使产业的前后向联系不断增强。竞争使企业竞相开展技术创新和工艺改进，激发企业家创新精神。

4. 外部性理论比较

这些外部性理论之所以能够得到众多学者的认可，原因在于这些理论很好地解释了产业区的成长及持续壮大。Marshall – Arrow – Roomer 和 Porter 的理论侧重于产业发展的区域专业化以及厂商间的知识溢出对产业发展的重要作用。另外，他们认为，与单独存在的某一厂商相比，企业的邻近布局更有利于相互学习或借鉴经验，所以说区域专业化水平的提高能够促进产业发展。Jacobs 外部性理论认为，多样化水平的提高更有利于高技术产业增长。虽然存在一定的分歧，但这些理论对于促进高技术产业集聚均有显著的促进作用。

产业集聚理论注重动态外部性，尤其是知识溢出对产业发展的作用。这些理论认为产业集聚有助于企业间的信息、人才流动，可能是行业内员工的交流，也可能是行业间员工间的交流，或者是向售后服务、中介组织学习。由于人们在"不经意"中学习并获得了某些信息且无须支付任何费用，即知识溢出产生外部性。产业集聚区内的企业由于空间上的近邻布局使正式、非正式交流都极为频繁。与孤立分布的企业相比，地理上的邻近能够获得更大的外部性，所以说产业区内的企业发展更快。

这些知识溢出促进产业集聚的理论存在两方面的分歧：第一，知识溢出源于产业内还是产业间；第二，区域竞争如何通过知识溢出影响产业集聚。MAR 理论较注重产业内的知识溢出的外部性。产业内某一企业的技术创新成果的产业化能够提高其他企业的生产效率，且其他厂商无须进行经济补偿。在班加罗尔，软件生产商可以通过程序员间的语言交流或信息传播相互学习。在巴黎，时装设计师在企业间的流动，能够带来信息的扩散。空间上的邻近使信息传递更为快捷，如此一来，区域专业化水平提高的同时，加快了高技术产业发展，高技术产业集聚水平不断提高。在 MAR 知识溢出外部性模型中，技术创新人员意识到自己的创新成果会被邻近厂商无条件模仿，类似知识产权保护的缺位使技术创新人员的创新积极性受到影响，进而减少研发投资。但是，如果技术创新人员对创新成果进行垄断，就能够大大提高创新企业的经济效益。故 MAR 理论认为区域竞争不利于产业集聚，而产业区内技术创新成果外部性的内部化，则能够加快产业集聚。

MAR 理论与 Porter 理论的最大区别在于区域竞争对产业集聚的影响。Porter 的知识溢出外部性理论认为区域竞争能够加快技术创新。虽然区域竞争在一定程度上会降低创新企业的创新收益，同时也增加了企业的创新压力，厂商如果不积极进行创新，就会在市场竞争中失败。区域内企业间的市场竞争能够加快其他企业的技术创新成果的应用推广及改进，便捷的知识交流和信息传递会促进产业区发展。相反，区域垄断则不利于产业集聚，由于形成市场垄断后，企业独自享受创新收益会降低创新投资。在产业内知识溢出外部性方面，MAR 和 Porter 理论的观点一致，他们都认为区域专业化水平的提高有利于产业集聚。此外，MAR 理论认为，由于垄断使外部性内部化，它更利于产业集聚；Porter 则认为区域竞争通过加快模仿与创新而促进产业集聚。

Jacobs（1969）的理论同样支持知识溢出，他认为产业间知识溢出对城市发展至关重要。例如，金融服务业源于纽约的谷物商人发现的金融交易需求，设备租赁的发明者是旧金山的食品加工商。Scherer（1982）通过调查研究发现，某一产业内 70% 的发明来自产业外部。多种行业集聚分布的城市，知识的快速传递能够激发创新。Jacobs 理论认为，与专业化相比，产业多样化更有利于经济增长，其原因在于产业多样化更有利于知识的交流和信息的传递，产业多样化的综合性城市往往会走向繁荣。Bairoch（1988）同意 Jacobs 的观点，城市里的产业多样化很容易使某一产业的最新技术应用于其他产业，加快技术创新成果的推广。在区域垄断与区域竞争方面，Jacobs 支持 Porter 的观点，与垄断相比，区域竞争更能够促进城市经济增长。

二、产业关联促进高技术产业集聚

新经济地理学源于对产业地理集聚现象的新解释。在假定规模报酬递增、消费者的多样化偏好和垄断竞争市场的基础上，20 世纪 80 年代，新经济地理理论提出规模经济和市场规模导致产业的地理集聚。Paul R. Krugman（保罗·克鲁格曼，1991）的"中心—外围"模型对产业集聚的本质可以概括为循环因果关系①。新企业的入驻增强了产业集聚区对工人的吸引力，人口的持续增加扩大了消费市场，在一定程度上弥补了激烈竞争造成的利润下降。在集聚与增长的循环中，市场规模的持续扩大吸引更多厂商进驻，产业集聚的外部性持续增强，直到区域内的具有产业关联的企业全部聚集在产业区内，形成具有较强竞争力的产业集群。

高技术产业的规模经济、市场及产业关联是高技术产业集聚布局的重要原因。在 Krugman（1991）的"中心—外围"模型中，企业在某一地区的集聚布局，在加剧地区市场竞争、利润降低的同时，带来了以下效应：第一，由于高技术产业的上下游企业间的投入产出联系，上游企业为下游企业提供中间投入品，下游产业的规模经济效益吸引众多上游厂商。所以，具有投入产出联系的产业集聚在一起，能够减少中间投入品的运输费用，从而降低生产成本，使具有集聚意愿的厂商在产业区内分工协作。这种推动高技术产业集聚的动力也被称为"前向联系"或"价格效应"。第二，大量的企业集聚在一起布局最终形成高技术产业集群，随着分工的不断深入和细化，产品种类激增、市场规模扩大，各产业化分工的劳动力也集聚在该区域内。与非产业集聚区内的企业相比，产业区内高技术产品成本的降低，能够提高工人的实际待遇。在高工资的诱惑下，非高技术产业集聚区的劳动力会向产业集聚区迁移。这种推动产业集聚的动力被 Krugman 称为

---

① 宋德勇，胡宝珠. 克鲁格曼新经济地理模型评析 [J]. 经济地理，2005，25（4）：445 - 448.

"后向联系"或"规模效应"。可以说,产业集聚是"前向联系"和"后向联系"共同作用的结果,高技术产业通过产业关联效应带动整个高技术产业区的发展。

新经济地理理论旨在解释经济增长过程中的产业集聚现象,影响产业集聚的主要因素是收益递增、交通通信、劳动力池、政府支持等。第一,收益递增促使企业在空间上集中布局,企业可以共享基础设施,产生规模经济效益,且不断扩大本地市场增加经济效益。第二,为降低运输成本及信息搜寻费用,企业会尽可能靠近销售市场选址。第三,劳动力池对高技术产业集聚的作用体现在两方面:一是对企业来说,产业集聚区内充足的劳动力使企业更容易招聘到所需人才,降低其招聘及人力资源管理成本,提高经济效益,加快产业集聚。二是对劳动力来说,产业集聚区内劳动力的工资待遇较高,能够吸引其他地区劳动力流入,同时,劳动力池效应使员工之间的交流更为频繁,相互学习提高生产效率进而促进产业集聚。第四,政府支持对高技术产业区的健康发展起着重要作用,无论是依靠政府产业规划和投资形成的高技术产业园区,还是自发形成的高技术产业区都离不开政府的政策支持和资金扶持。否则,高技术产业区的发展会非常缓慢,难以发展成为高层次、大规模的产业园区。

第四节 新制度经济学框架下的高技术产业集聚理论

新制度经济学派以产权和交易费用为研究对象,其主流是以科斯(H. Coase)为代表的产权与交易费用经济学和以诺思(C. Douglass C. North)为代表的制度变迁经济学。后来经过 Williomson(威廉姆森)、H. Demsetz(德姆塞茨)、A. Alchian(阿尔钦)等的发展,形成了一套包括产权经济学、交易费用经济学、制度与制度变迁理论等学科的理论体系。与新古典经济学相比,新制度经济学将制度因素内生化,它改变了古典经济学依赖制度机制配置资源的方式,提出制度不是既定的,进而探索实现资源最佳配置的经济制度,揭示产业集聚的内在本质。

一、交易费用理论

交易费用理论是新制度经济学的重要理论，英国经济学家 R. H. Coase（罗纳德·哈里·科斯，1937）在《企业的性质》一文中，在解释企业存在的原因的基础上，创立了利用交易费用研究成本的企业理论。此后，交易费用问题成为经济学家研究的长盛不衰的问题。Kenneth Arrow（肯尼斯·阿罗，1969）将交易费用概括为经济制度运行产生的费用，扩展了交易费用的外延。交易费用理论可以完美解释产业集聚的成因，由于产业集聚区内的企业众多，企业间交易频繁，集聚布局能够降低交易费用，并促进信息传递，降低企业的信息搜寻时间和成本。

C. J. Dahlman（达尔曼，1979）和 Oliver E. Willamson（奥利弗·威廉姆森，1985）从契约过程说明交易费用。达尔曼认为，交易双方应相互了解，将交易机会告知对方，才可能达成协议，信息的获取与传递将产生费用。当交易的一方有若干代理人时，还会产生决策成本。协议形成后，随之产生执行成本、监督履约成本等。总的来说，交易费用包括信息搜寻成本、谈判成本、决策成本、违约成本、不确定后果的处理成本等。Willamson（威廉姆森，1975）认为，交易费用是经济系统的运行费用，他出版的《市场和等级》（1975）、《资本主义经济制度》（1985）著作，对交易费用进行了明确规定，并分析了交易费用产生的原因。他从契约的角度出发，将交易费用分为事前和事后两部分。事前交易费用包括契约的起草、谈判和签约成本，事后交易费用是指契约签订之后产生的监督履约成本、偏离交易的不适应成本、承诺保证金等。在 Willamson（威廉姆森，1985）看来，交易双方是"契约人"，他们在有限理性的前提下，为降低机会主义行为，将保障契约的实施，进而将交易费用降到最低。Willamson（威廉姆森，1985）系统分析了交易费用产生的三个原因：有限理性、机会主义和资产的专用性。Jensen 和 Meckling（詹森和麦克林，1976）通过设立参照系来分析交易费用。与企业高层管理者拥有全额企业资本相比，当高层管理者拥有部分资本时，他们对待货币性或非货币性收益会显著不同，代理成本就产生了。张五常认为，交易费用在现实世界发生，它相当于总成本与生产成本的差值；"鲁滨逊经济"只有生产成本。

二、产权理论

产权理论是新制度经济学研究的热点问题之一,外部性是其核心问题。由于外部性产生的根源是企业产权界限含混,导致交易过程存在障碍,进一步影响到企业行为和资源配置。产权理论是研究如何通过界定企业产权,消除市场机制运行所需的社会费用,提高经济效率,优化资源配置,推动经济增长。Ronald Coase(罗纳德·科斯,1960)是公认的产权理论的创始人,在1960年发表的《社会成本问题》中论述了产权的经济作用,提出产权的经济功能在于将外部性内在化,降低交易费用,提高资源配置效率。他认为产权理论重在研究经济运行的制度基础,其表现形式为财产权利结构。典型制度分析是产权理论主要的研究方法,由于常见的经济现象往往隐含着经济运行规则和制度基础。可以说,产业集聚与产权理论相辅相成、共同促进,高技术产业区内的产权界定能够加快高技术产业集聚,同样,高技术产业集聚可以使高技术区内企业的产权清晰化。

20世纪60年代以后,西方产权理论形成了三个分支:一是以Willamson(威廉姆森,1975)为代表的交易费用经济学。他们认为,交易的自由度大小和交易费用的高低是决定市场运行及资源配置效率的重要因素。George Joseph Stigler(乔治·约瑟夫·斯蒂格勒,1975)和张五常(1974)等产权理论研究者的观点与其一致。二是以James M. Buchanan(詹姆斯·布坎南,1967)为代表的公共选择学派。他们以契约理论为基础,强调所有权、法律制度对于制定和履行契约的重要作用。James M. Buchanan(詹姆斯·布坎南,1967)认为,资源交换的本质是权利的合法交换。三是以Theodore W. Schultz(西奥多·舒尔茨,1979)为代表的自由竞争派。他们认为,市场机制的缺陷很多,如外在性、垄断等易降低资源配置效率,造成市场失灵。Theodore W. Schultz(西奥多·舒尔茨,1979)认为,如果交易是在完全竞争的市场中发生的,资源配置效率就与合法与否无关。

Harold Demsetz和Armen Alchian(哈罗德·德姆塞茨和阿曼·阿尔钦,1972)推动了企业理论的发展,他们在《生产、信息成本与经济组织》中讨论了企业的管理成本和雇员与雇主之间的关系,认为企业内部存在两大问题,计算投入的生产成本及其报酬,使报酬与其边际生产成本相当,并试图从产权结构上解决这两个问题。Armen Alchian（阿曼·阿尔钦，1977）在《产权：一个经典注释》中这样给产权下定义，产权是一个社会强制实施的使用某种经济品的权利。这里的经济品，指的是某种生产投入要素，如资源、劳动力、信息和资本等。菲吕普顿和佩杰威齐认为，产权不是客观存在的物质实体，而是对物的使用产生的并被人们认可的行为关系。产权安排确立了使用者应该承担的责任和义务，也可以说，产权是用于确定人们在使用相对稀缺资源时的社会和经济联系。根据众多学者的观点，笔者认为，产权是指一定社会所确认的人们对一定财产或资产的相关权利，是围绕一定的经济物品形成的人与人之间的权责利关系，由所有权、使用权、转让权和收益权等构成。

在一定的技术、交通通信、不确定因素和充满竞争的环境下，解决问题的成本最低的产权是有效的，竞争将不断提高经济组织运行效率。产权理论主要从两方面推动高技术产业集聚：一是产权理论能够提高市场运行效率。界定和行使产权能够保证市场的有效运行，并消除不确定性，进而促进高技术产业集聚。技术的进步、市场范围的拓展可能需要调整产权结构，推动着产权结构的创新。二是产权结构能够加快技术创新。高技术产业集聚扩大了市场规模，创新型企业能够获得较高收益。为增强企业的技术创新动力，需要确立投资技术创新的产权。技术发展史也证明，一套鼓励技术创新，提高创新收益的激励机制对创新的发展非常重要，如商标、版权和专利等都在维护技术创新人员在某些方面的排他性权利。

三、制度变迁理论

制度理论是 Douglass C. North（道格拉斯·诺思，1971）提出来的，指某一领域内约束人们行为的一系列规则，它支配经济主体间合作与竞争的方式。制度结构是经济社会中所有制度安排的总和，包括组织、法律、习俗和意识形态。制度资源相对稀缺，科斯制度理论是降低交易费用的制度起源。新制度经济学认为，制度安排在为成员的合作提供一些追加收入的同时，提供了具有经济价值的激励机制，以改变成员的合法竞争方式。

制度变迁是指制度的替代、转换与交易过程，其本质上是一种制度框架的创新和被打破。马克思制度变迁理论认为，当生产关系不能适应生产力的发展时，就会发生社会变革，使经济基础和上层建筑一起发生变化。也就是说，制度变迁是由生产力决定的。Theodore W. Schultz（西奥多·舒尔茨，1979）认为，经济增长改变服务需求，经济增长和人力资本投资的增加会引起劳动力价格的提高和消费者可支配收入的增加，进而推动制度的变迁。新制度经济学家诺思提出，制度是经济增长的重要原因，一种能够对个人提供有效激励的制度对经济增长的作用非常重要，产权尤其重要。《经济史中的结构与变迁》（1993）的出版，标志着包括产权、国家和意识形态的组织逻辑结构的形成。Douglass C. North（道格拉斯·诺思，1981）认为，合理的产权制度对经济增长非常重要，如果一个社会的所有权体系能够确定和保护个人或组织的财产权利，就能降低社会组织的交易费用，进而提高经济运行效率。另外，产权属于公共产品，它的建立需要国家行政主体的参与。通常情况下，个人以一定的利益供给或权利限制为代价获得国家对产权的保护。Friedrich August von Hayek（弗里德里希·奥古斯特·冯·哈耶克，1974）将生物的自然进化论应用到制度变迁的分析框架中，他认为在保证个人自由选择权和人与人之间形成的博弈互动关系的基础上，信息与知识能够充分交流或共享时，制度能够通过自然演进形成最合理的制度。Mancur Lloyd Olson（曼瑟尔·奥尔森，1965）提出的利益集团理论认为，制度并不是人们理性设计的结果，不同利益集团的博弈是决定制度优劣的关键。由于利益集团对制度变迁起着决定作用，那么利益集团的结盟和排他性，必然会阻碍技术进步、资源配置和信息流动。总的来说，Theodore W. Schultz、Douglass C. North、Friedrich August von Hayek 和 Mancur Lloyd Olson 等都对制度变迁理论做出了一定贡献，但他们都没有对制度变迁过程进行深入的剖析。这在一定程度上忽视了社会主流思想的变化，没有意识到创新团体的重要性，事实上，创新企业为了获得巨额收益，往往付出高昂的成本和风险。

由于人们的有限理性和资源的稀缺性，随着外界环境的变化，人们会不断提出新的制度需求。当制度的供需平衡时，制度是稳定的，否则，就会发生制度变迁。制度变迁的方式有两种：一是"自下而上"的制度变迁，指由于一部分人受到新制度所带来的利益诱惑，自发倡导、组织并实现的制度变迁；二是"自上而下"的制度变迁，指当现存制度出现缺陷时，政府会通过制定命令或法律法规推进制度变迁。高技术产业集聚作为区域经济发展过程中的一种普遍现象，同样需要制度安排的支持,而制度变迁在高技术产业集聚过程中既可能会产生促进作用,也可能会产生阻碍作用。

第五节 本章小结

本章研究的是相关理论基础,详细介绍了高技术、高技术产业、高新技术产业、制度、制度环境等基本概念。相对来说,制度环境是一个较为复杂的体系,涉及各种制度的度量。制度环境具有双重属性,既是促进高技术产业集聚的机制,又是机制运行的结果,它与产业集聚的关系紧密。制度环境越完善的地区,高技术产业集聚水平越高。在实证研究中,制度环境变量存在内生性的问题,而且,制度环境变量与控制变量之间可能存在共线性。

由于所依据的研究理论、方法和指标测算存在差异,学术界对高技术产业集聚机制和效应的分析不完全一致。在高技术产业集聚理论方面,本章首先从以知识溢出为基础的技术外部性入手,分别探讨了 MAR 溢出、Jacobs 溢出和 Porter 溢出理论对高技术产业集聚的作用机制。其次从新经济地理学的角度出发,围绕克鲁格曼的"中心—外围"理论,研究了产业关联、规模经济、交易成本、政府行为等因素对高技术产业集聚的作用机理。

新制度经济学的贡献在于把制度作为一个经济变量纳入经济学研究中,且对制度的分析引入经济分析框架内。新制度经济学家主要研究如何应用交易费用理论解释产业集聚现象。交易费用的高低主要受环境的不确定性、小数目条件、交易中的机会主义行为和信息不对称等因素的影响。他们认为,企业作为参与市场交易的基本单位,为了节约市场运行成本,应通过一个组织来管理资源。与新经济地理学理论相比,新制度经济理论强调社会关系的重要性,认为社会关系既能够降低管理费用,还能够提高企业的创新活力,这种社会关系是促使高技术产业集聚的原动力,也是提高高技术产业集群竞争力的根本。当然,由于高技术产业的择优选择,在制度环境较完善的地区,高技术产业更易于集聚发展。

第三章　高技术产业发展的动力机制

上一章的文献综述和理论分析表明制度环境对高技术产业发展会产生诸多影响，高技术产业集聚的知识溢出效应和规模经济效应均与制度环境紧密相关。那么，现实中驱动高技术产业发展的动力机制有哪些？本章首先通过分析中国高技术产业发展的总体趋势，把握中国高技术产业在制造业中的重要性；其次，在测算高技术产业五大行业的 EG 指数和各省（市、自治区）的集聚水平的基础上，深入分析了中国高技术产业的产业集聚度变化趋势和空间分布特征；再次，研究了不同时期高技术产业发展的核心驱动力；最后，对高技术产业发展与制度理论的逻辑关系进行深入研究。

第一节　中国高技术产业发展的特征事实

高技术产业是使用前沿尖端技术生产产品的产业群，高技术产业具有高知识和技术密集性、强渗透性、高投入和高风险等特点，高技术产业是一个动态的、发展的概念。本书研究的高技术产业涉及的行业包括：医药制造业、电子及通信设备制造业、航空航天制造业、医疗设备及仪器仪表制造业、计算机及办公设备制造业等，涉及 6 个大类，25 个种类及 77 个小类。中国高技术产业发展的总体数据来自 2002～2016 年《中国高技术产业统计年鉴》，中国制造业发展的行业数据来自 2002～2016 年《中国统计年鉴》，中国高新技术产业历年主营业务收入的数据来自《中国火炬统计年鉴》。将高技术产业的主营业务收入除以制造业的主营业务收入得到高技术产业占制造业的比重,用此指标衡量中国高技术产业在制造业中的地位及规模。图3-1显示了16年来全国高技术产业的规模及其占制造业比重的变化状况。

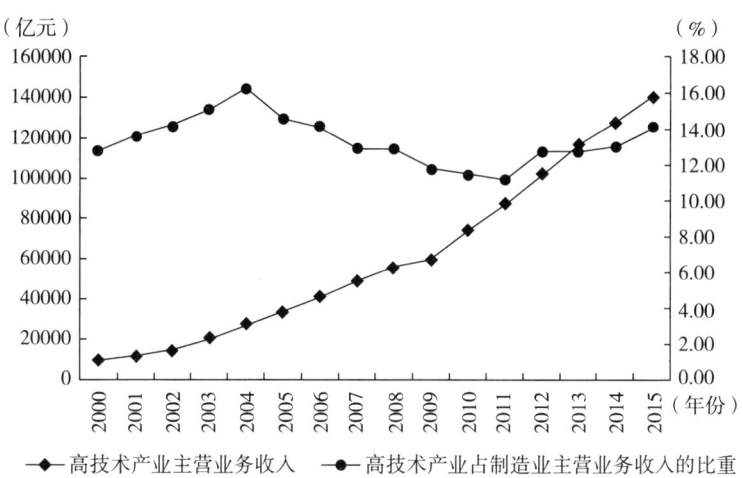

图3-1 高技术产业的规模及其占制造业的比重

随着工业化进程的加快,从图3-1看,中国高技术产业的发展速度惊人,其主营业务收入在2000年突破了10000亿元,到2015年,其主营业务收入接近140000亿元,16年间增长了14倍。高技术产业主营业务收入占制造业的比重在2000年以来均在11%以上,呈现出先快速上升后缓慢下降,然后再缓慢上升的态势。2000~2015年,高技术产业主营业务收入占制造业的比重在2004年达到最高,为16.2%;在2011年高技术产业在制造业中的比重降到了最低,为11.21%,之后几年持续保持稳定的回升趋势。总的来说,高技术产业规模稳步增长,占制造业的比重先下降后回升,可能与中国高技术产业对外资依存度过高有关。

高新技术产业以高新技术为基础,进行高新技术及其产品的研究、开发、技术服务或新工艺、新技术在传统产业应用推广的企业集合,高新技术的成功开发能够产生巨大的社会效益和经济效益。高新技术产业主要包括电子信息技术、生物与新医药技术、航空航天技术、新材料技术、高技术服务业、新能源及节能技术、资源与环境技术、高新技术改造传统产业八大领域。高新技术企业是知识密集、技术密集的经济实体,高新技术产业范围的确定将根据国内外高新技术的不断发展进行补充和修正,由国家科技部颁布。由于高技术产业是高新技术产业的重要组成部分,将其与高新技术产业的发展进行对比,可以较好地分析高技术产业在制造业中的地位和发展趋势。

图 3-2 是 2000~2015 年高新技术产业占制造业的比重在 16 年间的变化情况。把图 3-1 和图 3-2 进行对比发现,高新技术产业比重的变动趋势与高技术产业基本一致,也在 2004 年达到最大值 27.99%。但是,2005~2009 年高新技术产业却出现了较大的波动,下降幅度较大。2009 年高新技术产业的比重降到最低,为 16.95%。这说明,高技术产业的发展态势要好于高新技术产业,受国际金融危机的冲击较小,在出口创汇方面的贡献突出。

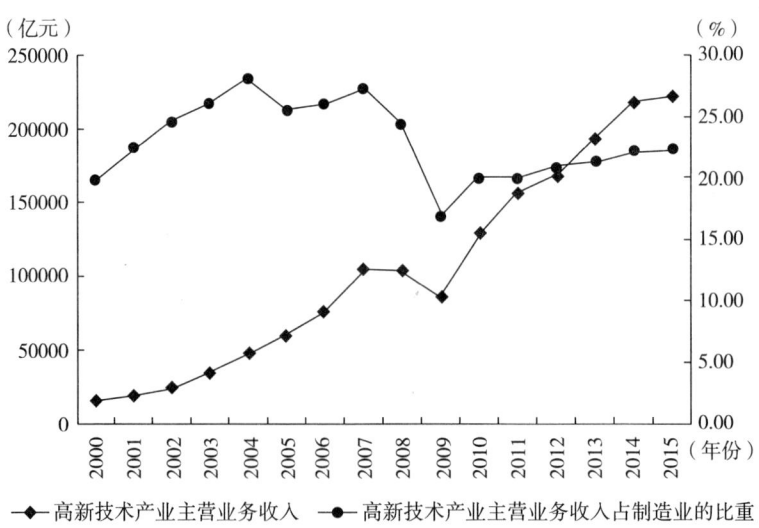

图 3-2 高新技术产业的规模及其占制造业的比重

从图 3-3 来看,高技术产业与高新技术产业的发展趋势基本一致,高技术产业占高新技术产业的比重在 55% 左右。说明高技术产业对高新技术产业的发展起着重要作用,也影响着产业结构的调整和智能制造业的发展。

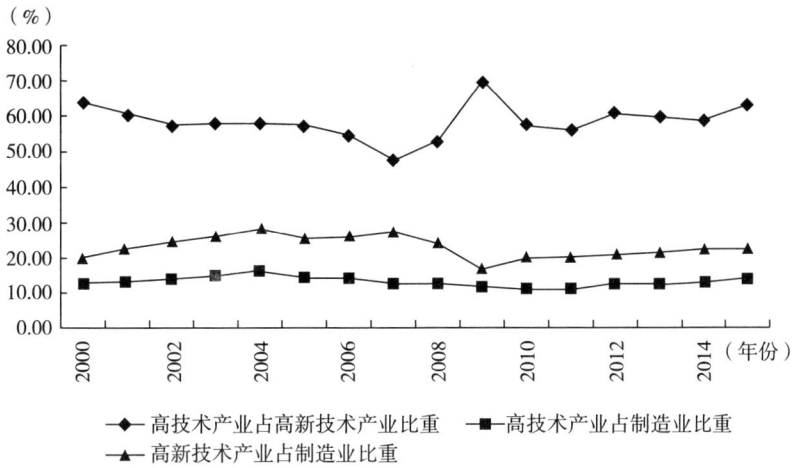

图3-3 高技术产业与高新技术产业占制造业比重的比较

第二节 中国高技术产业发展水平的动态变化

由于高技术本身的渗透性、产学研的紧密结合以及共生作用的综合性,大部分高技术企业以"共生"的方式集聚在一起发展。高技术企业往往以产业园区的形式集中在一起,能够带来各种有形或无形资源在区域上的集中,如高技术企业集聚可以共享产品宣传平台和产品信息的传播。企业可以借助高技术企业的宣传平台,促进产品信息的传播,提高产品的宣传效果,同时,高技术企业的知识溢出效应使同一产业区内的企业能够相互学习,降低创新成本。

一、高技术产业发展水平的度量指标

随着高技术产业的快速发展,高技术产业发展水平测度的研究也成为学术界研究的重要内容,先后有学者运用区位熵、行业集中度、空间基尼系数、赫芬达尔指数、EG指数和θ_i指数等指标衡量高技术产业的集中程度。

1. 区位熵

区位熵（LQ）是测度某一区域内某一产业发展的专业化程度的重要指标，多用于反映该区域在高层次区域的地位和作用。区位熵的计算公式为：

$$LQ_{ij} = \frac{\theta_{ij} / \sum \theta_j}{E_i / \sum E} \quad (3-1)$$

式中，θ_{ij} 为 i 区域 j 产业的产值（或就业人数）；$\sum \theta_j$ 为 i 区域的总产值（或就业总人数）；E_i 为全国 i 产业的总产值（或就业人数）；$\sum E$ 为全国的总产值（或总就业人数）。LQ<1，表示行业区域集聚水平低于平均水平；LQ>1，表示行业区域集聚水平高于平均水平；LQ>1.5，表示行业区域集聚程度较高。在测度高技术产业集聚水平的众多指标中，区位熵的应用最广泛。事实证明，高技术产业的发展并非局限于区域本身，往往通过溢出效应、共生效应、市场需求等对周边地区产生显著的空间辐射，带动周边地区相关产业的发展。

2. 行业集中度（CR_n 指数）

CR_n 常用前 N 家企业（或地区）的产值或从业人员所占比重的总和表示，是衡量市场结构集中程度的常用指标，反映了市场的竞争或垄断程度。CR_n 的计算方法为：

$$CR_n = \frac{\sum_{i=1}^{n} X_i}{\sum_{i=1}^{N} X_i} \quad (3-2)$$

式中，$\sum_{i=1}^{n} X_i$ 代表前 n 家企业（或地区）的产值或就业人数；$\sum_{i=1}^{N} X_i$ 代表全部企业（或地区）的总产值或就业人数。在行业集中度测算中，n 一般取值为 4 或 8。相对来说，CR_n 的测算简单、易行，但是，也存在一些不足：首先，CR_n 代表前 n 个企业（或地区）的市场份额，不能反映其余企业（或地区）的规模分布；其次，CR_n 不能反映前 n 个企业（或地区）之间的产业结构与规模分布；最后，由于 n 的取值不同，CR_n 的测算结果有一定差异。鉴于此，CR_n 常被用于测度行业集中程度的辅助指标，王子龙等（2006）和赵玉林、魏芳（2008）在测度中国高技术产业集聚水平时均将集中度作为一个辅助指标进行分析。

3. 赫芬达尔—赫希曼指数

赫芬达尔—赫希曼指数（Herfindahl – Hirschman Index，HHI）是测度行业集中程度的综合指数，于 1945 年由 A. Hirschman 提出，经 O. Herfendahl 完善后开始广泛应用。其计算公式为：

$$HHI = \sum_{i=1}^{N} S_i^2 = \sum_{i=1}^{N} (X_i/X)^2 \qquad (3-3)$$

式中，N 表示某一产业的企业数量；X_i/X 表示第 i 个企业的市场份额；X 表示某一产业的市场总规模（产值、主营业务收入、就业人数等）。HHI 指数能够准确反映区域内某产业的集中程度。当产业由一家企业垄断时，HHI 指数为 1；反之，当产业由 n 家企业平均分配时，HHI 指数为 1/n。如果产业内存在大量的小规模企业，HHI 接近于 0，也就是说，HHI 的值在 0≤HHI≤1，即 HHI 指数越大，市场集中程度越高，反之产业的市场集中度越低。在实际研究中，由于缺少企业层面的数据，学者们往往根据产业层面的企业数目和就业人数对规模经济就行估算。

与其他指数相比，利用 HHI 指数测算高技术产业发展水平时具有以下优点：第一，由于 HHI 指数的大小取决于企业数目和规模经济，它能够准确反映产业或企业的市场集中程度；第二，HHI 指数能够及时反映市场垄断程度的变化趋势。由于 HHI 指数是用市场份额的平方和表示的，它对市场份额较大企业的份额变化非常敏感，而市场份额较小的企业对其影响很小。同样，HHI 指数也存在一定不足：一是 HHI 指数只能衡量某一产业的绝对集中程度，与其他产业的空间分布无关，产业间没有可比性。二是 HHI 指数没有考虑区域的位置、大小等因素，不能反映区域间的产业关系。

4. 空间基尼系数

洛伦兹（Lorenz）在研究国民收入分配问题时，提出了运用洛伦兹曲线解释社会分配均匀程度。基尼（Gini）根据洛伦兹曲线提出了统计收入分配均匀程度的指标，即基尼系数。Krugman（1991）在测算美国制造业的空间集聚水平时，提出了空间基尼系数，计算公式为：

$$G = \sum_{i=1}^{N} (S_i^k - S_i)^2 \qquad (3-4)$$

式中，S_i^k 为 i 地区某产业占全国该产业产值（或就业人数）的比重；S_i 为 i 地区就业人数占全国产值（或就业人数）的比重。如果产业在区域间均匀分布时，G=0，如果产业集中在某一区域分布时，G=1，表示产业的区域差异最大。

空间基尼系数计算简单，但也存在不足，由于它没有考虑企业间的规模差异，如果某一地区存在一个规模较大的企业，可能使基尼系数的值较高，实际上该产业并不存在显著的空间集聚现象。所以说，产业间利用空间基尼系数比较集聚程度差异时，由于各产业规模经济的差异很容易产生误差。

5. EG 指数

由于空间基尼系数忽略了企业的规模差异，Ellison 和 Glaeser（1997）为了解决空间基尼系数的误差问题，构造了新的空间集聚指数，即 EG 指数。假设某个国家有 M 个地区，国内的某一产业有 N 个企业。EG 指数的计算公式为：

$$\gamma_{EG} = \frac{\sum_{i=1}^{M}(s_i - x_i)^2 - (1 - \sum_{i=1}^{M} x_i^2)\sum_{j=1}^{N} z_j^2}{(1 - \sum_{i=1}^{M} x_i^2)(1 - \sum_{j=1}^{N} z_j^2)} = \frac{G - (1 - \sum_{i=1}^{M} x_i^2)H}{(1 - \sum_{i=1}^{M} x_i^2)(1 - H)} \quad (3-5)$$

式中，s_i 为 i 地区某产业的就业人数占全国该行业就业人数的比重；x_i 为 i 地区所有行业的就业人数占全国总就业人数的比重；N 为企业个数；z_j 为 j 企业的市场份额；G 为空间基尼系数；H 为赫芬达尔—赫希曼指数。一般来说，$\gamma_{EG} < 0.02$ 表示产业分布比较分散，$0.02 < \gamma_{EG} < 0.05$ 表示产业分布比较均匀，$\gamma_{EG} > 0.05$ 则表示产业区域间集中度较高。

与空间基尼系数或赫芬达尔—赫希曼指数相比，EG 指数对产业集聚程度的测度更为完善。它弥补了规模经济大小和企业地区分布对集聚水平的影响，使产业集聚在产业之间、地区之间具有可比性。

二、高技术产业发展的变动趋势

根据 Ellison 和 Glaeser 的研究，EG 指数通常被分为三类：若 $\gamma < 0.02$，说明产业的集聚水平较低；$0.02 < \gamma < 0.05$，说明产业集聚程度中等；$\gamma > 0.05$，说明产业集聚水平较高。一般来说，EG 指数高的产业的规模经济显著，且需投入大量中间品。按照这一标准，可将高技术产业的五大行业进行如下划分：医药制造业的产业集聚度最低，低于0.02，说明它对中间投入品的使用无显著优势，在全国各地区分布比较均匀。虽然近十几年来集聚水平有稳步上升的趋势，但与其他产业相比，依然属于低水平集聚。医疗设备及仪器仪表制造业的集聚度大多介于0.02~0.05，属于中等集聚度。与2001年相比，集聚度有一定的提高，说明其规模经济已经显现，技术密集度也有提升，对区域经济增长的促进作用明显。航空航天制造业、电子及通信设备制造业和电子计算机及办公设备制造业的集聚度都大于0.05，说明这三大行业的技术密集度较高，集聚模式比较稳定。与2001年相比，航空航天制造业的集聚度略有上升，计算机及办公室设备制造业下降明显，电子及通信设备制造业稍有下降，但从整体上看，这三大行业的区域分布依然集中，是区域高技术产业发展和技术创新的主力军。从总体上看，这五大行业及高技术产业整体的EG指数变化趋势一致，先升高后降低，呈倒U形。为了清楚地显示表3-1中各行业的变化趋势，用图3-4表示如下：

表3-1 高技术产业EG指数

年份	医药制造业	电子及通信设备制造业	航空航天制造业	医疗设备及仪器仪表制造业	计算机及办公设备制造业	高技术产业
2001	0.00457	0.11024	0.07338	0.02821	0.21566	0.03556
2002	0.00514	0.12018	0.08275	0.02893	0.23537	0.04392
2003	0.00495	0.13995	0.08230	0.02969	0.25349	0.05925
2004	0.00502	0.17516	0.10034	0.03236	0.24139	0.08754
2005	0.00499	0.16968	0.09338	0.03497	0.24459	0.08805
2006	0.00483	0.16340	0.09625	0.03767	0.23724	0.09040
2007	0.00532	0.15102	0.08994	0.03686	0.23808	0.08978
2008	0.00649	0.16474	0.08324	0.04153	0.21635	0.09869
2009	0.00670	0.16284	0.08618	0.03855	0.21625	0.09206
2010	0.00675	0.15828	0.08004	0.04540	0.19991	0.09212
2011	0.00869	0.14334	0.08870	0.05851	0.18013	0.08563
2012	0.00910	0.12648	0.07936	0.06134	0.16252	0.07740

续表

年份	医药制造业	电子及通信设备制造业	航空航天制造业	医疗设备及仪器仪表制造业	计算机及办公设备制造业	高技术产业
2013	0.00782	0.09821	0.10429	0.04571	0.12451	0.07318
2014	0.00906	0.09390	0.10725	0.04073	0.11938	0.06501
2015	0.00941	0.09971	0.08873	0.03786	0.09027	0.05804
2016	0.01025	0.09781	0.09247	0.03750	0.09431	0.05723

资料来源：2002~2017年《中国高技术产业统计年鉴》。

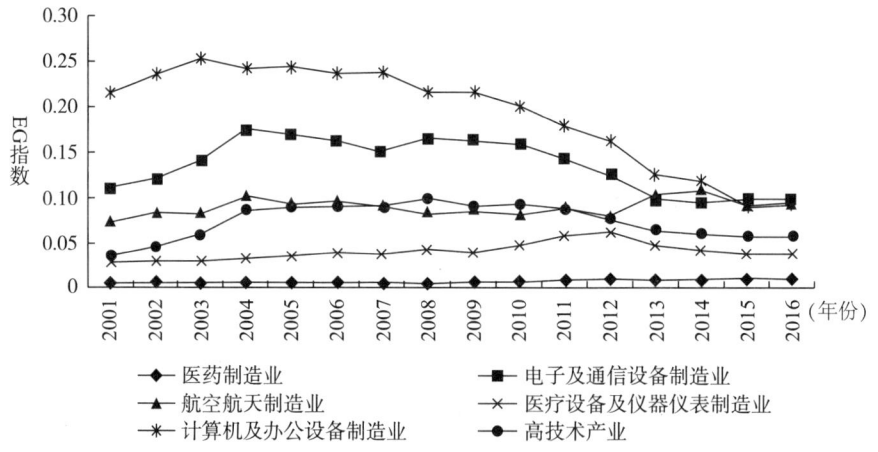

图3-4 高技术产业各行业EG指数的年变化趋势

相对来说，ICT（信息和通信技术）产业规模优势突出，竞争优势突出。电子及通信设备制造业、计算机及办公设备制造业两大行业的主营业务收入合计超过我国高技术产业的70%，出口额合计超过90%。随着我国融入全球价值链分工体系日益深入，ICT产业优势逐步形成，我国已经成为全球最大的电子产品制造中心，面板、芯片等核心环节的技术优势也已经形成。物联网、人工智能等潜在技术变革为我国集成电路产业带来赶超机遇。但是，电子产品市场主体分散，促进国内企业与消费者一致行动，是亟待解决的问题。而且，规模优势并不意味着竞争力强，美国高技术产业总体贸易逆差，但在高技术产业核心环节的竞争优势决定了其举足轻重的竞争优势。

三、高技术产业空间分布

根据我国高技术产业区域集聚的空间分布特征,按高技术产业集聚水平的高低,将各省(市、自治区)的高技术产业集聚度分为四个位次:①中国高技术产业集聚的区域差异显著,层次性和集中性特征明显。高技术产业集聚水平从东部向中西部地区呈梯度状下降。②高技术产业集聚水平的高、中及低的地区邻近分布。东部的大多数地区高技术产业集聚水平较高,中部地区次之,西部最低。③大部分邻近省(市、自治区)的高技术产业集聚水平相近,表明高技术产业集聚可能存在空间自相关性,西部地区高技术产业集聚水平较低的地区如新疆、西藏、青海、甘肃、宁夏、内蒙古等彼此相邻。集聚水平较高的安徽、河南、湖北、湖南、重庆、广西等地区彼此相邻,且与北京、天津、山东、河南、江苏、浙江等东部高集聚水平地区毗邻。④从产业的区域分布看,高技术产业的地理集中度较高。2016年东部地区高技术产业主营业务收入占全国的比重达到70.3%,尤其是广东和江苏,占全国的比重达到44.5%。

四、高技术产业行业分布

从图3-5来看,在高技术产业主营业务收入的行业分布上,2016年电子及通信设备制造业主营业务收入的比重为57%,比2015年提高了1个百分点;电子计算机及办公设备制造业的主营业务收入占比为13%,比2015年下降了0.9个百分点;医药制造业的主营业务收入占比为18%,比2015年下降了0.4个百分点;医疗设备及仪器仪表制造业主营业务收入占比为8%,比2015年提高了0.5个百分点;航空航天制造业和信息化学品制造业的主营业务收入的占比为2%,与2015年基本持平。

在各行业的地区分布上,电子计算机及办公设备制造业主要分布在东部沿海地区,广东、江苏和上海三省市最为集中,它们的主营业务收入占比为51.6%;电子及通信设备制造业在东部沿海地区的集中度也比较高,其主营业务收入占比为76.5%,仅广东和江苏两省的占比就达到了54.5%;江苏省在医疗设备及仪器仪表制造业继续领先,占比为38.1%;在航空、航天器及设备制造业领域,陕西和天津的地位突出,江苏、辽宁和四川紧随其后;信息化学品制造业在北京和江苏最为集中,两省的占比为81%;相对来说,医药制造业的地区分布比较均衡(数据来源于《2017年中国高技术产业统计年鉴》)。

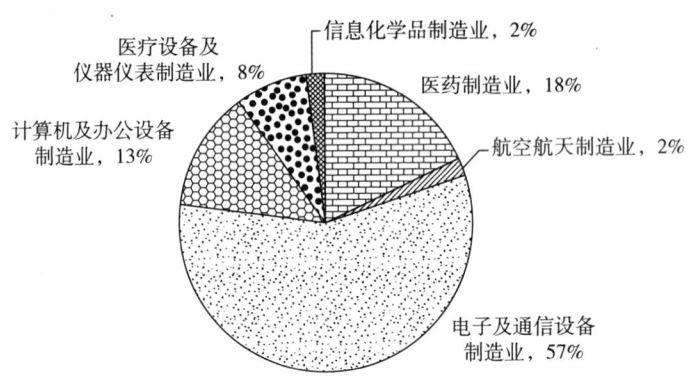

图3-5 2016年高技术产业主营业务收入的行业分布

第三节 高技术产业发展的核心驱动力

集聚是高技术产业发展过程中的必然现象。中国高技术产业的集聚机理是指加速产业集聚区形成和发展的动力机制和运转规则,具有较强的稳定性、规律性,是推动中国高技术产业集聚区进一步发展、增强中国高技术产业竞争力的原动力。由于高技术产业对自然条件的依赖性低,在空间上更容易向区位条件优越的地区集中;而且由于规模经济效应和外部经济效应,高技术产业往往会持续集中,形成高技术产业区,如硅谷、中关村、筑波科技城等(汪芳,2008)。与一般的产业集聚驱动力相比,高技术产业集聚除了受到资源禀赋、地理位置、市场需求、贸易成本等因素的影响外,还受到以下几方面因素的影响:

一、萌芽期:政府主导

(1)路径依赖性。由于资源禀赋、市场变动、企业家偏好或者某种偶然事件，高技术产业会在区位条件比较优越的地区最先出现。此后，由于存在外部规模经济，人才、资本、技术、信息等要素持续地向该地区集中，地区集聚优势的不断强化便形成了路径依赖。也就是说，随着科技的进步和社会的发展，人们对高技术企业区位的选择易受初始选择的影响，会对曾经的选择产生依赖性，而且这种依赖性具有较强的惯性，在周而复始的循环中得到自我加强，加快了高技术产业的发展进程。大量企业的入驻能够为彼此提供更多的外部资源，获得集聚经济效益。同时，高技术产业的集中发展还会带动现代物流业、商务服务业、金融服务业和信息服务业等生产性服务业的发展。

（2）企业家精神。企业家精神以创新为特征，在高技术产业入驻初期，企业家精神的自立性和创新性是高技术产业集聚的动力。企业家行为对产业发展的促进作用体现在创造新产业或利用创新成果改造已有产业，也就是说，企业家的创新精神能够实现生产要素的重新组合。高技术产业集聚可以帮助企业家发现潜在市场机会，在最佳时机克服行业壁垒创立新企业。伴随新企业的创立和新产品的生产，与之配套的供销链开始萌芽，上下游产品的生产、配套企业及服务业也逐步集聚。同时，也会有更多的企业衍生出来，使产业链进一步向纵深发展，使集聚区的专业化程度得到提高。产业区在发展过程中会慢慢形成独特的产业文化，进一步对政府政策产生影响。

高技术产业集聚区的健康发展能够不断激发企业家精神。高技术产业集聚的结果是在企业间形成复杂的社会网络关系，这种关系能够增强信息交流和创新动机。企业间通过资源共享、交流、合作，能够增强彼此的信任，可以激发创新并提高生产效率。而且，产业集聚区的示范效应、试错效应以及缄默知识的扩散都能够加快产业区内技术创新的扩散。此外，产业区内存在大量的创业机会，企业家能够以较低成本获取资源、信息、人才，可以激发企业家的创业积极性，以前的人际关系和技术关系可以提高创业成功率。

（3）外部经济效应。企业集聚分布可以获得多种"免费服务"，如零交易费用、规模经济、市场供求信息等。高技术产业集聚的外部效应包括：①人才的外部效应。高智力的人才对高技术企业的发展至关重要，集聚扩大了人才来源，便于高技术企业寻找各类高级专门人才。集聚使人才的流动更为频繁，同时，人才的流动带动了信息的传播。无形中增加了不同企业间就业人员交流信息、经验的机会。②高技术产业的集聚使金融市场更为发达。企业集聚产生的乘数效应带动第三产业的集聚，良好的资本运营环境有利于集聚社会闲散资金，从而给高技术产业的发展提供了资金保证。③知识、技术的溢出效应。集聚区内的企业在空间上的邻近，使他们相互接触的机会很多。在企业之间接触或员工流动的同时，技术、管理经验、知识等信息传播得也很快，可以降低企业之间学习和科技创新的成本。

（4）政策引导。与发达国家相比，中国高技术产业集聚的速度"非常快"、进展也"非常顺利"，中国高技术产业集聚缺少长期的自演进过程。由于中国政策的"宏观调控"作用以及高技术产业发展赶超战略的需要，高技术产业区多是在政府政策引导下，将人力、资本集中起来，营造一个较为优化的软硬环境，实现生产要素的优化配置，进而满足高技术产业发展和成长的需要。与此同时，硅谷、筑波科技城等发达国家高技术产业集聚区的示范效应，使高技术产业集聚成为各级各地政府经济发展的"战略举措"。

在政策引导下，高技术产业集聚的体现是国家级高新技术产业开发区的建设，从1988年8月国家开始实施火炬计划创办第一家高新技术产业开发区开始，到2017年3月，国家级高新技术产业开发区已增至157家。在一定程度上，高技术产业集聚的目的不是为了降低成本或外部经济效应，几乎所有的高新技术产业开发区都不同程度地实施了税收减免、"一站式"服务、财政支持等优惠政策。高技术产业集聚的结果实现了企业与政府双赢的纳什均衡，政府从高技术企业的快速集聚中获得政绩，高技术企业从开发区的优惠政策中得到了实惠。

二、发展期：产业主导

（1）区位指向力。任何经济活动都需要特定的区位条件，区位指向力是指能够推动高技术企业向某一区域集聚的稳定动力。产业集聚一旦开始，在市场的作用下集聚区的经济效益就会逐步显现，进而吸引更多的企业与关联产业向该地区集中，逐渐形成稳定的主导产业和具有前后向产业关联的产业链（姚敏、许红，2008）。产业集聚区的产业支撑和配套条件不断完善，外部经济效应也得到进一步强化。在市场竞争力和政府政策的双重驱动上，高技术产业集聚的经济实力持续增强。但是，在这一阶段大学或科研院所等智力资源对高技术产业集聚的作用较为突出，能为企业提供相关的技术、知识、创新成果转化等咨询服务，其周围往往是高技术企业的集聚地，并逐渐形成稳定的创新网络。此外，企业间还可以通过创新的扩散、交流和技术的更新，营造一种既竞争又合作的创新氛围。

（2）企业衍生。先入驻的高技术企业在生产经营中产生的外部经济效应会衍生出新的企业。高技术企业的衍生能力与其产生的外部经济效应成正比，一般情况下，企业的规模越大，其外部经济效应就越大，衍生能力就越强（张同斌、李金凯、周浩，2016）。企业的衍生方式有两种：水平衍生和垂直衍生。水平衍生是指衍生出来的新企业生产的产品与原有企业产品类似或相近。影响高技术企业水平衍生的因素主要有三个：①产品特性是决定市场需求的重要因素；②市场需求的价格弹性低，缺少处于主导地位的产品设计；③产品的生产为小批量的定制模式。垂直衍生是指原产品生产过程中的部分中间环节而衍生出来的企业。影响垂直衍生的因素是企业管理的难度、中间环节的生产技术和成本。企业在衍生过程中能够吸引其上下游企业和生产相关产品企业的加入，先入驻的企业还为衍生出来的企业创造了完善的基础设施、技术、人才及中间产品的来源，使高技术产业集聚区快速成长。

（3）劳动力池。高技术产业对劳动力技能有很高要求，高等院校及科研院所培养出大批高科技专业人员，能够满足高技术企业的人才需求（毛军，2006）。环境优美、经济发达的地区对高科技人员也具有较大的吸引力。高技术企业在选址之前会考虑人才获得的难易程度。由于高技术产业之间存在着激烈的竞争，长时间的竞争会降低成本优势，高技术企业对劳动力技能的要求将显得更为重要。因此，对高技术产业来说，高质量的劳动力始终是企业成长的重要因素之一。

劳动力池对高技术产业集聚的作用体现在两方面：一方面，对高技术企业来说，集聚区内充足的人才供应可以降低企业的招聘和管理成本，进而提高其经济效益，能够吸引更多的高技术企业迁入到集聚区内，推动高技术产业集聚区的发展。另一方面，从劳动力报酬看，产业区内劳动力较高的技术水平能够提高工资，对区域外的劳动力会产生强大的吸引力，吸引高科技人员流入。高科技专业人员的相互学习能够加快技术的扩散、提高企业的生产效率，也会推动高技术产业的集聚（张樨樨、韩秀元，2016）。

(4) 信息源密集。信息资源对高技术产业集聚的发展有着重要的影响,在当今社会,企业之间无论是技术竞争、市场竞争还是人才竞争,其核心都是信息源的竞争。谁能在竞争中获得的信息越多、越新,谁就能在竞争中获胜。筑波、新竹等世界级高技术产业区内的研究机构密集、高级研究人员集中、信息源丰富,信息传播速度快。高技术产业的发展是由国际最新技术创新成果决定的,网络化的信息传输系统是其最佳支撑方式(王燕、徐妍,2013)。随着信息社会的发展,信息源、信息传输速度对国家和地区的经济发展都变得至关重要。信息资源的重要性体现在能够再生、可以共享以及产生创新,而网络化是信息资源快速传播、充分利用的最佳方式,高技术产业集聚区往往是技术、知识、人才、资金等信息资源最密集的地区(彭中文、何新城,2008)。此外,在技术创新的过程中,一家企业独立完成某件产品的研究与开发几乎是不可能的。高技术产业的高风险性、高资本投入、高智力投入要求企业间甚至地区间、国家间进行合作,所以,它需要网络化信息系统的支持。

三、成熟期:创新突破

(1) 知识溢出的空间局限性。高技术产业集聚区内的企业通过技术、人才、信息的交流,可以缩短创新时间、降低生产成本、降低投资风险。在高技术产业集聚区内,知识溢出可以对企业产生正的外部效应。高技术产业的知识溢出效应随高技术企业的增多而增强,但是信息传播的质量则随着高技术企业间距离的增加而降低,即知识溢出具有空间局限性(梁琦,2004)。高技术专业化知识的传播与个人、社会及其环境紧密相关,由于缄默知识的存在和知识本身的黏性,面对面的交流或频繁的接触才是最好的传播方式。此外,高技术专业知识的学习能力往往是"因人而异""因地而异",而产业的集聚则能够创造更多的学习机会和优越的学习环境。这就揭示了高技术产业的专业化程度越高,越趋向于集聚分布,其集聚优势越突出的原因。

(2) 区域创新网络的形成。在市场、外商直接投资、政府引导等因素的作用下,具有前后向关联的高技术企业为了节约资源、降低运输费用和交易费用集聚布局(聂爱云、陆长平,2014)。在产业集聚过程中,企业间的竞争也不断加剧。企业获取竞争优势的途径在于持续推进技术创新,获得异质并难以模仿的资源。一旦一部分企业从技术创新中获取了超额利润，就会给其他企业带来竞争压力和创新动力，集聚区内的企业会更注重技术创新、升级。然而，单个企业对创新资源的整合能力是有限的，产业集聚则可以将各个企业的创新能力进行有机融合，取长补短，提高创新资源配置效率。高技术产业的技术创新包括研发、设计、中试、生产、成果推广等众多环节，技术发展的不确定和市场需求的不确定提高了创新的风险。协同创新就成了高技术企业进行技术创新的最佳选择，企业间既独立又合作，在保持协同创新灵活性的同时，使集聚区内的企业实现了创新资源的优化配置。

高技术产业集聚带来了高科技人才、资本、技术信息等创新资源的集中，进而形成区域创新网络。区域创新网络是高技术企业发展必需的社会文化环境，它是在集聚区内具有业务联系，在地理空间上相对集中的经济主体组成的动态开放系统。区域创新网络使人才、资金、技术、知识和信息等创新要素的扩散、转移的速度加快，不仅能够降低企业获取创新资源的成本、知识学习成本和市场不确定性，还能够增加企业获取和利用信息与知识的机会（张玉明、聂艳华、李凯，2009）。可以说，区域创新网络是以技术创新为核心，以政府调控、投资为导向，以财税政策为激励，以终结服务机构为桥梁，以企业、大学、科研院所和金融机构为支撑的创新综合体。

（3）持久的创新能力。进入成熟期之后，随着产业集聚规模的扩大、企业间竞争的加剧使集聚区内人力资源、地租、公共管理及机器设备等投入要素的价格上升，因此，高技术企业只有通过不断创新来降低生产成本或实现差异化生产才能够获得稳定的竞争力（彭澎、蔡莉，2007）。与其他产业相比，高技术产品的生命周期短，一旦创新产品达到成熟阶段，企业间的竞争会使该产品的利润下降，企业只有及时推出新产品或不断创新才能保持其竞争优势。而且由于地理上的临近布局，集聚区内的任何高技术企业都不可能实现技术封锁或阻止其他企业进行技术模仿，为保持市场优势，进入下一轮的技术创新是企业成长的唯一选择。因此，与集聚区外的高技术企业相比，集聚区内的企业拥有更为持久的创新能力和动力。

第四节　制度理论与高技术产业集聚

降低生产成本和交易费用，提高生产效率和经济绩效是高技术企业集聚的根本原因。由于人的有限理性、信息的不完全性和交易事项的不确定性，不完全契约是必然存在的，而且交易费用的高低还受交易方式、技术水平及制度环境等方面的共同影响，如交通通信方式的不断进步、数据处理技术的发展。高技术产业集聚区内企业数量增加的直接结果是企业产品交易更加方便、信息流动加快，在一定程度上企业的生产成本和交易成本自然会下降。企业获得集聚带来的财富增加之后，企业向某一地区集聚的速度会不断加快。与传统产业相比，高技术产业有更高的风险和不确定性，对金融、创意、文化等制度敏感性行业的依赖性较高，因此，各种正式制度和非正式制度对其集聚均有较大影响。

一、市场经济制度促进高技术产业集聚

市场经济制度是以市场机制作为配置要素资源手段的经济制度，它能够降低高技术企业搜寻原材料的成本和交易费用，对高技术产业集聚有导向作用。对于高技术企业而言，市场经济制度是其发展必需的环境条件，竞争性的市场经济制度在给他们带来竞争压力的同时，也加快了他们技术创新的速度，从而降低了生产成本、扩大了市场（邱成利，2001）。此外，市场这个"无形之手"还能够吸引金融业、现代物流业、生产性服务业等产业的集聚，进一步加快高技术产业集聚区的发展。

首先，通过知识溢出营造优良环境。拥有领先的知识或技术是知识溢出的前提，高技术产业集聚需要良好的研究环境。所以，依托科研机构或大学的科研资源发展起来的"智力密集区周围"往往是高技术产业集聚的最佳区位。当然，为保证高技术产业创新成果的顺利产业化和产品扩散，该地区内应建设一流的实验室、研发基地及营造良好的市场环境。市场完善、机制健全都有利于高技术产业信息、工艺、人才等要素的流动，进而加快高技术企业向区域内集聚。其次，

市场经济体制将促进高技术产业有序集聚。增长极理论认为，经济的发展在空间上是不均衡的。高技术产业是当今国民经济中增长速度最快、技术创新水平最高的部门。高技术产业也往往集聚在经济发达、市场完善、人才、知识等资源高度集中的地区，在这里能够实现资源的高效配置，进而产生较高的经济收益（高小飞，2011）。在市场经济体制下，知识流、信息流、产品流和人才流等形成了井然有序的双向互动，呈现出高技术企业间跨地区资源最优配置的局面。区域间经济的协调发展在提高产业化分工的同时，在更高层次上推动高技术产业的合理集聚。

二、产权制度助推高技术产业集聚

产权制度主要包括知识产权制度和人力资本产权制度，它们明确规定了创新成果和收益的分配关系，将创新主体的创新努力变为经济收益，对于调动高技术企业的创新积极性，促进高技术产业集聚的稳定发展是非常重要的（刘勇、周宏，2008）。知识产权是在知识和技术的市场化过程中应运而生的，主要是对专利权、著作权和商标权等智力劳动成果的保护。高技术产业集聚是智力、尖端技术、资金密集型产业的集聚，企业的持续创新成果是集聚区稳定发展的前提（张维阳、段学军、高金龙等，2011）。知识产权保护能够调动高科技企业或个人的创新积极性，创新活动必然更为活跃，而研发企业对相关产品的需求上升，进而促进高技术产业集聚区的发展。此外，高技术企业临近分布，知识溢出较为容易，能够提高企业的创新效率。

人力资本是指通过资本投资而集聚在人体内具有经济价值的知识、技术、能力和健康等质量要素之和。人力资本产权是指在市场交易过程中，由人力资本所有权、支配权、处置权、使用权和收益权等一系列权利的总称，反映人与人之间社会关系的范畴，对不同利益主体之间的权益关系进行界定和调整的制度。人力资本是高技术企业重要的要素资源之一，高科技人员是高技术产业创新活动的主力，确立人力资本产权、建立人力资本激励机制对于激发他们的创新精神是至关重要的（牛冲槐、张帆、封海燕，2012）。高技术企业为了吸收世界一流的管理和科技人才，争相提高人力资本在企业中的利益配额。同时，人力资本产权确立带来的收益刺激，使科技人员能够全身心投入技术创新活动，带来技术创新成果和专利持续涌现，从而维持高技术产业集聚区的产品不断升级并始终处于科技前沿。为了提高人力资本的使用效率、降低代理成本，激励高技术企业家、研发人员等企业核心人力资本的创新精神，提高高技术企业的创新效率，最高效的措施就是确立企业家和研发人员的人力资本产权，承认企业家和研发人员的企业所有权，使他们参与到企业剩余价值的分配中。

三、非正式制度能够加快高技术产业集聚

非正式制度是经验性的，在相近的社会背景下，人们的经济行为通常会受到思想文化、信仰或意识形态等方面的约束，这些约束经过长时间的积淀，被人们自发地认同。这些经验能够形成共同信息并进而成为当地非正式文化的一部分，人们会将其代代传承。由于非正式制度的经验性，一旦形成，人们就对其产生了依赖性。当周围环境发生变化时，正式制度会随之发生变化。但是在新的非正式制度形成之前，旧的传统依然具有重要作用。同时，非正式制度的形成和对非正式制度的遵守是人们的自觉行为或传统习惯。人们既是非正式制度自觉或不自觉的守护人，也是潜在的新的非正式制度的缔造者。非正式制度与正式制度仅仅在程度上存在差别，由于非正式制度已经内化为人们的不自觉行为，实施起来可以降低监督、信息和执行成本，而正式制度的监督执行的成本往往相对较高。一个地区的非正式制度对该地区的高技术产业集聚有重要作用，其实高技术产业集聚的过程就是企业通过信任和承诺在地区内实施专业化分工或协作的过程，即成功克服市场失灵和非营利组织失灵的过程。在产业集聚过程中，所有的高技术企业共享并遵守当地的社会文化，消除了高技术企业间信息交流的障碍，使他们能够及时了解对方的经济行为，进而建立牢固的信任机制，加快高技术产业的集聚。

另外，非正式制度的差异将造成区域间高技术产业集聚的差异。在自下而上的高技术产业集聚过程中，一个地区的非正式制度是该地区能否出现高技术产业集聚的关键因素。众所周知，家族关系、同乡关系、同事关系或朋友关系等在传统产业集聚中起着重要作用，也同样是高技术产业配置资源的方式之一。由于非正式制度内在的传统根性、历史积淀、世代传承，它对高技术产业集聚也起着举足轻重的作用。

四、高技术产业集聚能够降低交易费用

交易费用产生于一定的社会关系中，人们自愿交往、彼此合作达成交易所需支付的费用。主要包括搜寻成本、信息成本、议价成本、决策成本、监督成本、违约成本等，交易要受到成本的约束。高技术产业集聚作为一种介于市场和企业之间的中间组织形态和制度安排，具有显著的市场交易特征，体现在以下两方面：一是集聚区内企业间的交易。与企业内"金字塔"形的等级关系不同，集聚区内的企业是相互独立的平等市场主体，彼此间不存在支配或依附关系，企业间的分工与协作受价格机制的制约，交易费用存在于分工过程中。二是集聚区内的高技术企业与集聚区外企业间的交易。出于高技术产业专业化分工和自身发展的需要，集聚区内的高技术企业经常与外界通过市场交易发生联系。

交易费用理论证明了高技术产业集聚的必要性和合理性，由于高技术产业集聚本身就是一个降低交易费用的制度安排。首先，空间上的集中意味着集聚区内的高技术企业拥有共同的制度、文化和社会环境，可以有效降低知识与经验的差异，而这种差异正是影响交易费用的重要因素。其次，空间上的集中可以消除或大大降低交通运输费用。再次，高技术产业集聚也带来了信息的集聚，而且集聚本身具有网络化特征，有利于信息的交流与传播，相应降低了信息不对称所产生的交易费用。最后，高技术企业集聚区内的企业长期合作，有利于形成完善的信誉体系，可以很好防止机会主义行为、道德风险，进而能够大大减少签订、执行契约的交易费用。此外，高技术产业集聚区内的企业长期正式合作和非正式交流形成的信任，也会降低市场交易中的机会主义和未来不确定性，减少市场风险。高技术产业集聚通过专业化分工、协作，在产业区内会形成开放式的横向或纵向一体化的企业链或企业网，替代大型企业封闭式的纵向一体化组织。因此，高技术产业集聚既能够降低市场中的交易费用，还解决了纵向一体化大企业代理成本和组织成本过高的难题。

五、高技术产业集聚有利于诱致制度创新

高技术产业集聚发展需要相应的制度和利益协调机制的保证。制度的本质是生产关系问题，高技术产业是先进生产力的代表，生产力与生产关系决定了制度

对高技术产业集聚发展的影响。高技术、高投入和高风险等决定了高技术产业集聚发展是一项复杂的系统工程,需要资金、人才、创新、市场、政策等要素的协调发展。制度创新是较高效率的制度替代较低效率的制度的过程,如果在某一发展阶段制度制约了高技术产业的发展,就会诱致制度创新。

制度作为一个区域激励机制的基本任务是对集聚区的企业行为形成激励,鼓励集聚区内的企业积极创新或合作创新,制度对高技术产业集聚起着规制、引导作用。高技术产业集聚的本质是生产投入要素在空间上的合理配置,实现集聚区内资源的最佳配置是关键。制度往往通过限制企业行为活动影响着集聚进程,而产业分工的深化加大了劳动力在企业间流动的成本,并影响着高技术产业集聚。当上下游企业间均衡关系被打破时,就会出现制度博弈,继而诱致制度创新形成新的制度结构。

六、高技术产业集聚有利于制度环境的完善

随着时代的演变,任何一种制度,都要发生变革、更新或彻底改变,以一种新的制度来取代旧的制度,以适应客观世界的变化,否则,旧的制度将会产生一系列弊病,进而延缓甚至制约社会经济的发展。一般来说,正式制度的改进是从非正式制度的边际改进开始的。由于非正式制度的操作成本相对较低,非正式制度在边际上起着协调分工的作用。随着社会的进步,人们的心理特征、思想观念和行为习惯都在不断变化,也促成了正式制度有规则的变迁,高技术产业集聚区在制度重复博弈的过程中为企业提供了较为稳定的制度环境。

高技术产业集聚过程中起决定作用的是制度的变革,即打破原有的制度结构,重新构造与市场经济体制要求相吻合的制度机制和行为准则,最终选择运行费用相对较低的制度模式,实现经济的快速发展。产业集聚发展的主要原因是降低企业的交易费用,通过制度创新来降低生产成本是高技术产业集聚的重要保障。为了促进高技术产业区健康、快速发展,制定及形成有利于高技术产业集聚的正式制度和非正式制度创新至关重要。

第五节 本章小结

本章在分析中国高技术产业总体发展趋势的基础上,了解到中国高技术产业发展对推动技术创新、提高对外贸易、拉动高新技术发展等方面都起着重要作用。接着借鉴现有常用的测算高技术产业集聚水平的研究成果,采用 EG 指数和区域集聚指数,计算了我国高技术产业的 2001~2016 年省域集聚水平和五大行业的 γ 系数,并分析了演变趋势。结果表明:①中国高技术产业整体 γ 系数呈上升趋势,已经达到高度集聚水平,说明中国高技术产业的规模经济效益明显,技术密集度比较高,集聚效应日益强大。②高技术产业的五大行业中有三大行业的 γ 系数高于 0.05,在优化产业结构、增强区域竞争力方面有突出优势。③在高技术产业的空间分布上,从东部地区向中西部地区递减。高技术产业集聚水平相近的地区临近分布,说明中国的高技术产业集聚水平可能具有空间自相关性。自 1978 年以来,我国高技术产业和战略性新兴产业取得了长足进步,使我国的科技实力和创新能力显著增强,在全球价值链和产业分工体系中的地位也不断提升,并成为推进供给侧结构性改革、引领中国经济向高质量发展阶段迈进的主要动力源。高技术产业是国民经济发展的先导产业,其集聚水平是衡量一个国家或地区产业发展水平和竞争能力的重要指标。结合本章分析,可得到以下启示:

(1) 当前中国高技术产业整体集聚水平已从中集聚水平提升到高集聚水平,这表明我国高技术产业整体发展水平的持续提高。随着中国对外开放水平的提高和市场经济体制的不断完善,区域资源配置效率不断提高,资金、技术、劳动力、信息等生产要素向资源配置效率高的地区集聚的速度不断加快,因此,未来时期中国高技术产业的整体集聚水平还将进一步提升。

(2) 中国高技术产业集聚的主导行业正在由劳动密集型行业向技术密集型行业转变。电子信息产业在面板、芯片等核心环节的技术优势逐渐形成,价值链攀升的趋势明显,这为中国高技术产业的发展提供了重要机遇。一方面,要充分发挥市场规模和产业配套优势,营造良好的产业发展环境,鼓励企业创新;另一方面,要抓住技术更迭和经济周期低谷带来的赶超机遇,加强对国际先进技术的引进吸收。

(3)由于受市场需求的影响,大多数高技术产业都集聚在东部沿海地区,还吸引关联产业向该区域集聚。中部地区主要是利用廉价的劳动力优势吸引了一部分加工贸易型产业集聚,西部地区集聚水平相对较低。区域间产业集聚水平差距过大既不利于国家协同创新体系的构建,也不利于促进区域间经济协调发展。

由于高技术产业对自然条件依赖性低,受资本、高素质劳动力、市场需求、规模经济等因素的影响明显,高技术产业更易于趋向集中布局。高技术产业集聚的核心驱动力主要包括路径依赖性、企业家精神、政府主导、区位指向性、企业衍生、产业关联、持久的创新能力等。高技术产业集聚是降低生产成本和交易费用、提高生产效率和经济绩效的制度安排,企业集聚能够促进制度创新。同时,高技术产业集聚区内企业数量的增加使产品交易更加方便、信息流动更快,在一定程度上企业的生产成本和交易成本自然会下降。与传统产业相比,高技术产业有更高的风险性和不确定性,对金融、创意、文化等制度敏感性行业的依赖性较高,因此,高技术产业集聚与制度环境相互促进、相辅相成。具体地说,市场经济制度、产权制度和非正式制度都能够促进高技术产业集聚,当然,高技术产业集聚能够降低交易费用,促进制度环境的完善和制度创新。

第四章　理论模型构建

高技术产业的区位选择是由高技术企业在生产经营活动中的集中力与分散力间权衡决定的。与其他产业相比，由于高技术产业对自然资源依赖性低、规模收益递增和正外部性，更容易趋向于集聚布局，形成高新技术产业区，如硅谷、筑波、新竹等。与一般的产业集聚机理类似，高技术产业集聚主要受到要素禀赋、规模经济、市场需求、产品差异化、对外贸易、政府政策等因素的影响。此外，由于高技术产业对规模经济和专业化的要求较高，因此创新能力的持久性、高素质的劳动力、巨大的市场规模以及知识溢出的空间局限性对高技术产业集聚的影响比较突出。

1978年以来，中国经历了较大的制度转型，制度对产业集聚的影响已得到众多学者的认可。从既有的研究文献看，制度对高技术产业集聚的影响，主要体现在公共政策、知识保护产权、交易成本等方面，公共政策在中国高技术产业发展中扮演着重要角色，一方面，公共政策与其他因素共同促进高技术产业集聚；另一方面，公共政策通过完善基础设施引导高技术产业向某区域集聚。交易费用是决定产业集聚的核心因素，区域产业集聚取决于单位产品消耗的原材料运输费用和企业生产能力这两个因素（谢里，2017）。新经济地理学一直关注产品的运输费用、消费者的采购费用及合约达成费用等。对企业来说，产业集聚能够降低企业前向或后向关联产业的生产成本，扩大交易范围，而且随着市场交易费用的降低，可以进一步增强区域产业集聚力；对消费者来说，差异化产品的生产会加快产业集聚。在企业分散布局的情况下，如果消费者到企业所在地采购商品的费用低，企业将继续在原产地从事生产经营活动（戴翔、金碚，2014）。但是，如果产品具有弹性,消费者为了降低信息搜寻成本,更愿意到企业集中的地方购买产品。与此同时,随着运输费用的降低,高技术企业也会集中到该地区从事生产经营活动。交易成本理论从分析交易行为入手,侧重区分纯市场、纯科层、中间性组织的区别。威廉姆森(Oliver Williamson,1975)认为,中间性组织是存在于市场和企业之间的"混合"态组织,属于协调交易的制度安排①。拉森(Richard Larsson,1993)将资源依赖引入到交易分析中,他认为中间性组织是"看得见的手"和"看不见的手"的握手②。中间性组织能够降低交易费用和机会主义行为,提高投资效率,产业集聚是中间性组织的一种形式,可以用交易费用理论解释其发展历程,其本身也可以降低交易费用(马中东,2005)。在产业集聚过程中,企业间联系的纽带是网络内的重复性交易,网络交易使中间性组织的有效作用得到了发挥(李恒,2005)。企业间网络也是中间性组织之一,由两个或两个以上企业通过合约构成相互依赖、共担风险的运行模式(杨瑞龙、冯建,2004)。

为了深入研究制度环境对高技术产业集聚的作用机制,本章将制度环境引入到 Krugman(1991)的"中心—外围"模型中来分析。同时,结合杨小凯和黄有光(1999)对交易费用的划分,从理论上分析地区的制度环境决定内生交易费用,进而影响到产业集聚和企业选址,揭示制度环境影响高技术产业集聚和企业迁移的动力机制。

第一节 对中心—外围模型的分析

根据 Paul. R. Krugman(保罗·克鲁格曼,1991)的中心—外围理论,假设存在资源禀赋、市场需求、技术和偏好等相同的两个地区 A 和 B,这两个区域分布着农业和制造业两个部门。由于农业生产受土地资源的限制,农产品同质且规

---

① 巨荣良. 企业网络的竞争合作性及其比较——以战略联盟与虚拟企业为例 [J]. 管理学,2009,22(1):44-47.
② 郑耀群,周新生. 产业集群制度分析的文献综述 [J]. 科技管理研究,2009(3):243-245.

模报酬不变；相对来说，制造业几乎不受自然资源的影响，产品的差异化明显，存在"冰山成本"，规模报酬递增，形成了垄断竞争的市场结构。假定一种生产要素只属于某一生产部门，农业工人只从事农业，农产品同质且不计运输成本，那么，两个地区农民的收益相同，因而农民不在地区间流动。工人从事制造业为追求高收入可以在地区间流动，每个地区都存在大量企业，每个企业只生产一种工业品，工业品存在运输成本。在规模报酬递增、不完全竞争市场以及循环累积因果效应下，地区A或地区B逐步发展为制造业中心和农业边缘区域。Paul. R. Krugman（保罗·克鲁格曼，1991）认为，向心力和离心力决定着制造业在空间上集聚或分散，向心力来自集聚效应，包括产业关联、溢出效应及外部经济；离心力则源于不可流动的生产要素，如土地、气候等自然资源及外部不经济。

在Paul. R. Krugman（保罗·克鲁格曼，1991）的中心—外围格局形成和演化的过程中，规模经济、运输费用和高份额的制造业起着重要作用。持续的集聚力才能够产生较强的累积循环效应，其条件有三个：运输成本足够低、工业品的种类足够多、工业品的需求量足够大。这样一来，即使不存在工人流动，为节约成本，产业的前后向关联产生的向心力会使上下游产业向同一区域集中，形成产业集聚。中心—外围模型揭示了产业集聚的基本特征：在两个相同的地区A和B之间，随着贸易成本的降低，向心力逐渐增大，制造业工人的流动使产业分布不均。对于一个国家的经济发展也是如此，在某一时期，一个国家的产业在某种力的作用下形成一种格局，随着技术、交通、需求等外部条件以及自身状态的调整，原有的产业布局逐渐被打破，在区域政策、市场需求、投资政策等新的外力作用下会形成新的产业集聚格局。

中心—外围模型是在一系列假设条件下建立的，有一些内容还值得商榷，Armin Schmutzler（1999）提出，没有考虑产业集聚带来的负面影响，如污染和拥堵；没有研究房地产和土地市场；没有考虑区域在资源禀赋、地理位置等方面的优势。其他学者也提出了中心—外围模型的不足，效用函数和运输成本缺乏一般性；忽略农产品的运输费用与现实不符；不能进行福利分析等；忽略了传统、文化、习惯、制度等人文因素对产业集聚的影响；没有涉及劳动力剩余和失业问题等。相对来说，中心—外围模型较注重抽象的数学模型推理，实证分析较为欠缺，结果不能让人信服（郭利平、深玉芳，2003）。

基于此，针对本书的研究目的，对中心—外围模型进行适当的调整。该模型研究的是农业和制造业两个部门，生产的工业品在 A、B 两个区域间交易，本书在制造业中心和农业外围格局的基础上，研究高技术产业产品的进出口和内生交易费用。使其更符合中国高技术产业的演变历程，进而对中国的高技术产业发展演变进行深入分析。

第二节 模型的改进

一、模型假设

（1）一个国家包括东部地区和西部地区，东部地区在政策支持、区位、市场规模、技术、交通条件等方面优于西部地区。

（2）东部地区和西部地区的高技术产业数量分别为 n_E 和 n_W，$n_E + n_W = n$，初始状态时，$n_E = n_W = 1/2$。两地区的劳动力总量一定，标准化为 1，高技术产业劳动力比例为 μ，高技术产业的劳动力为了追求高收入可以在地区间流动。

（3）高技术产品规模报酬递增且产品具有差异，市场结构为垄断竞争市场，劳动力是唯一投入要素，高技术产品在东部地区和西部地区共同销售。

（4）高技术产品具有差异化，但企业的生产经营方式单一，一个企业只生产一种产品，也就是说，任何两个企业生产的产品都不相同。

（5）高技术产品可以在本地区交易，也可以跨地区交易。但是，高技术产品在地区间交易时存在"冰山运输成本"，它包括运输成本和为实现交易必需的其他费用，为了弥补交易费用，高技术产品在区外的销售价格往往比区内价格高。令 τ 为东部和西部两个区域间交易的冰山运输效率，即为 1 单位工业品在区域间运输时需要消费 τ 单位才能到达，$\tau > 0$，τ 单位会在运输过程中"融化"。

二、效用与需求函数

消费者的效用函数为：

$$U = \mu \ln C_M + C_A, C_M = \left(\int_{i=0}^{n^W} c_i^{(\sigma-1)/\sigma} di \right)^{\sigma/(\sigma-1)}, 0 < \mu < 1 < \sigma, \quad (4-1)$$

式中，C_M 为消费的高技术产品组合；C_A 为消费的农产品；c_i 为消费的差异化产品；σ 为高技术产品间的替代弹性；U 为可供消费的产品集合。消费者面对的高技术产品价格指数为 $P_M = \left(\int_{i=0}^{n^W} p_i^{1-\sigma} di \right)^{1/(1-\sigma)}$，$p_i$ 为第 i 种高技术产品的消费价格，消费者的生活成本指数为 $P = p_A^{-(1-\mu)} P_M^{-\mu}$，如果消费者的名义支出为 E（等于收入），则其实际购买力为 EP，也就是消费者可以达到的最大效用水平，即间接效用。为了方便，用 $\Delta = \left(\int_0^{n^W} p_i^{1-\sigma} di \right)/n^W$ 表示可购买到的高技术产品价格的某个幂指数的平均值，则 $P_M = (\Delta n^W)^{1/(1-\sigma)}$，这样间接效用函数如下：

$$V = EP = Ep_A^{-(1-\mu)} P_M^{-\mu} = Ep_A^{-(1-\mu)} (\Delta n^W)^{\mu/(\sigma-1)} \quad (4-2)$$

式（4-2）中，p_A 为农产品价格。由于劳动力技能的差异，假定高技术企业间的生产效率存在差异，厂商间的边际生产成本服从帕累托分布。

$$G(\alpha) = \alpha^\rho, 0 \leq \alpha \leq 1 \leq \rho \quad (4-3)$$

式（4-3）中，ρ 代表生产效率的分散程度，一般来说，ρ 越小说明高技术企业间的生产率越均匀，当 $\rho = 1$ 时，表示所有高技术产企业生产率相等。由此，可以得到以下对多样化产品的需求函数：

$$c(j) = P(j)^{-\sigma} \mu/\Delta, \Delta \equiv \int P(j)^{1-\sigma} di \quad (4-4)$$

那么，销售 1 单位产品的收益为：

$$R = c(j)^{(\sigma-1)/\sigma} (\mu/\Delta)^{1/\sigma} \quad (4-5)$$

三、一般均衡分析

根据总支出约束下总效用最大化的一阶条件，得出在总支出中高技术产品的支出份额为 μ，农产品的支出份额为 $1-\mu$。根据高技术产品效用函数 $C_M = \left(\int_{i=0}^{n^W} c_i^{(\sigma-1)/\sigma} di \right)^{\sigma/(\sigma-1)}$ 最大化一阶条件，可以得出东部消费者对本地区生产的第 j 种高技术产品的需求量 c_j：

$$c_j = \mu E \frac{p_j^{-\sigma}}{P_M^{1-\sigma}} = \mu E \frac{p_j^{-\sigma}}{\Delta n^W}, \Delta n^W = \int_{i=0}^{n^W} p_i^{1-\sigma} di, E = \pi K + w_L L \quad (4-6)$$

式（4-6）中，p_j 为高技术产品 j 的价格；E 为总支出。假定 p_j 为东部生产东部销售的高技术产品 j 的价格，p_j^* 表示东部生产西部销售的高技术产品价格。p_i 为西部生产西部销售的高技术产品 i 的价格，p_i^* 表示西部生产东部销售的该高技术产品价格。c_j 表示东部消费者对东部生产的第 j 种高技术产品的需求量，c_j^* 表示西部消费者对东部生产的第 j 种高技术产品的需求量；同理，c_i 表示西部消费者对西部生产的第 i 种高技术产品的需求量，c_i^* 表示东部消费者对西部生产的第 i 种高技术产品的需求量。那么：

$$c_j = \mu E \frac{p_j^{-\sigma}}{P_M^{1-\sigma}}, \quad c_j^* = \mu E^* \frac{(p_j^*)^{-\sigma}}{(P_M^*)^{1-\sigma}}, \quad c_i = \mu E^* \frac{p_i^{-\sigma}}{(P_M^*)^{1-\sigma}}, \quad c_i^* = \mu E \frac{(p_i^*)^{-\sigma}}{P_M^{1-\sigma}}$$

(4-7)

高技术产品在区域间运输的过程中，存在"冰山运输成本"，有 τ 部分会融化掉，τ>0，因此，企业的产出量为：

$$x_j = c_j + \tau c_j^*, \quad x_i = c_i + \tau c_i^*$$

(4-8)

由于存在交易费用，东部地区的高技术产品在西部地区出售的价格与本地出售的价格之比为 φ，φ>1，可以得出下式：

$$p = \frac{\alpha}{1-1/\sigma}, \quad p^* = \frac{\varphi\alpha}{1-1/\sigma}$$

(4-9)

四、制度环境的引入

杨小凯和黄有光（1999）在《专业化与经济组织》中利用对策论研究定价过程，他们将交易费用分为外生交易费用和内生交易费用。前者是指交易过程中必须支付的客观存在的费用，如运输费用、搜寻费用和谈判费用等。后者是指买卖双方在交易中为了获得更多利益，通过机会主义、道德风险或逆向选择产生的费用，往往具有较大的不确定性，在交易成功之前不能够被预估。他们认为好的制度能够有效减少内生交易费用。从交易费用产生的原因看，厂商对企业的区位选择是对内生交易费用和外生交易费用综合权衡的结果。企业选址既要考虑购买原材料、租赁厂房、劳动力投入等费用，还要考虑销售产品的运输费用、与上下游企业之间产品交易以及企业与政府等经济主体之间由于信息不对称、在签订合约、议价、履行合约等行为产生的内生交易费用。良好的制度环境显然能够降低

第四章 理论模型构建

企业从事生产经营活动的内生交易费用。阿罗（Arrow，1969）最早提出"交易费用"这一名词，将其定义为市场机制运行的费用。道格拉斯·诺思（Douglass C. North，1990）认为，正式和非正式制度安排能够为交易主体提供一套合理的激励机制，规范交易行为，防止经济主体的机会主义行为的产生，降低交易费用。显然，道格拉斯·诺思对交易费用的解释与杨小凯和黄有光对内生交易费用的解释一致，同时，道格拉斯·诺思等还认为经济效率是由制度决定的，制度在改变经济主体对要素需求价格的基础上，调整交易主体的机会主义选择行为，所以说，内生交易费用通过制度环境影响主体在交易过程中的支付价格。

根据以上分析，可以将内生交易费用融入保罗·克鲁格曼（Paul R. Krugman，1991）的"中心—外围"模型中，制度环境是高技术企业集聚的前提，制度环境优越的地区，内生交易费用相对较低，而制度环境低劣的地区，内生交易费用较高。由于本书研究的重心是区域制度环境差异对高技术产业集聚水平的影响，为了便于分析，假定东部地区的制度环境优于西部地区。中间产品由中间性组织供给，生产最终产品的高技术企业独占生产技术，可以说中间性组织的投入与企业的投入是互补的。在制度环境较差的地区，交易双方如果不能事前达成合约，或者已达成的合约不能够被证实有效，事后就只能通过讨价还价确定最终受益。一旦谈判失败，双方将无法获得预期收益，假定 β 为中间性组织的讨价还价能力，根据中间性组织的最大化行为和边际成本加成定价，得到高技术产品在东部和西部地区的销售价格为：

$$P_E = \alpha\sigma/(\sigma-1)，P_W = \alpha\sigma/\beta(\sigma-1) \qquad (4-10)$$

由于西部地区的制度环境较差，企业生产过程中存在"敲竹杠"问题，导致其生产成本和价格的提高，使 $\partial P/\partial \beta < 0$。假定区域间产品流通存在"冰山运输成本"，产品的一部分将在运输过程中被消耗掉。我们进而得出东部企业生产的产品在西部地区的销售价格 P'_W 和西部企业生产的产品在东部地区的销售价格 P'_E：

$$P'_W = \alpha\varphi\sigma/(\sigma-1)，P'_E = \alpha\varphi\sigma/\beta(\sigma-1) \qquad (4-11)$$

如果两个地区的劳动生产率相同，那么，$P'_W < P'_E$。显然，西部地区较低的制度环境提高了区域内产品的生产成本，如此一来，在两个地区技术和需求完全相同的情况下，东部地区的企业拥有突出的竞争优势。这也成为西部地区的劳动

力向东部地区迁移的动力。

五、均衡

在长期均衡条件下,劳动力将不再向东部地区迁移,也就是说,西部地区企业迁出地净收益为零,此时,两个地区的企业获得的利润相等。

$$\pi^E(\alpha) = \alpha^{(1-\sigma)}(S_E/\Delta_E + \varphi(1-S_E)/\Delta_W)E_t/K_t\sigma \quad (4-12a)$$

$$\pi^W(\alpha) = (\alpha/\beta)^{1-\sigma}(\varphi S_E/\Delta_E + (1-S_E)/\Delta_W)E_t/K_t\sigma \quad (4-12b)$$

其中,$\Delta_E \equiv S_E\int_0^1 \alpha^{1-\sigma}dG(\alpha) + (1-S_E)\varphi\beta^{\sigma-1}\int_0^1 \alpha^{1-\sigma}dG(\alpha) \quad (4-13a)$

$$\Delta_W \equiv S_E\varphi\int_0^1 \alpha^{1-\sigma}dG(\alpha) + (1-S_E)\beta^{\sigma-1}\int_0^1 \alpha^{1-\sigma}dG(\alpha) \quad (4-13b)$$

式(4-13b)中,E_t 为两个地区的总支出,K_t 为两个地区的总资本。$S_E = E_E/E_t$ 为东部地区的支出份额,$1-S_E$ 为西部地区的支出份额。如果西部地区企业向东部地区迁移,迁移企业获得的净收益为:

$$\pi^E(\alpha) - \pi^W(\alpha) = (1+\varphi)(1-\beta^{\sigma-1})\alpha^{1-\sigma}E_t/(1+\varphi\beta^{\sigma-1})\lambda K_t \quad (4-14)$$

由以上分析可知,如果两个地区的制度环境相同,则企业在区域间迁移的净收益为零,$\beta=1$,此时,企业将不会迁移。也就是说,若两个地区的市场需求相同,制度环境的区域差异将引起企业向制度环境较高的地区迁移,继而造成产业集聚。但是,由于企业从西边地区迁移到东部地区以后,东部地区企业间的竞争较为激烈,因此,只有生产率较高的企业才会从西部地区迁往东部。换句话说,企业迁移后的收益既取决于生产成本 α,也取决于其边际成本 α_m。假定达到均衡状态时,西部地区迁向东部地区迁移的企业的边际成本介于 $[0, \alpha_m]$,α_m 代表在所有迁移企业中边际成本最高的企业,且其迁移收益为零。令 $K^W = 1$,此时有:

$$\Delta_E(\alpha_m) \equiv s\int_0^1 \alpha^{1-\sigma}dG(\alpha) + (1-S)\left\{\int_0^{a_m}\alpha^{1-\sigma}dG(\alpha) + \varphi\beta^{\sigma-1}\int_{a_m}^1\alpha^{1-\sigma}dG(\alpha)\right\}$$

$$(4-15a)$$

$$\Delta_W(\alpha_m) \equiv \varphi s \int_0^1 \alpha^{1-\sigma} dG(\alpha) + (1-S)\left\{\varphi \int_0^{a_m} \alpha^{1-\sigma} dG(\alpha) + \beta^{\sigma-1}\int_{a_m}^1 \alpha^{1-\sigma} dG(\alpha)\right\}$$

(4-15b)

因此，高技术企业发展产生的收益高低不仅取决于其自身的生产成本 a，而且还依赖于边际成本 a_m，我们将从西部迁移到东部地区的高技术企业净收益定义为 $V(a, a_m)$，则：

$$V(\alpha, \alpha_m) = \pi_E(\alpha, \alpha_m) - \pi_W(\alpha, \alpha_m) \tag{4-16}$$

其中，$\pi_E(\alpha, \alpha_m) = \alpha^{1-\sigma}[S_E/\Delta_E(\alpha_m) + \varphi(1-S_E)/\Delta_W(\alpha_m)]E^W/\sigma$

(4-17a)

$$\pi_W(\alpha, \alpha_m) = (\alpha/\beta)^{1-\sigma}[\varphi S_E/\Delta_E(\alpha_m) + (1-S_E)/\Delta_W(\alpha_m)]E^W/\sigma$$

(4-17b)

根据均衡条件，当高技术企业停止迁移时，生产成本为 α_m 的企业迁移的收益为零，即 $V(\alpha_m, \alpha_m) = 0$。也就是说，当 $V(\alpha_m) = V(\alpha_m, \alpha_m)$ 时，就达到长期均衡，得到 $V(\alpha_m) = 0$，进而可以得到企业迁移的净收益为：

$$V(\alpha_m) \equiv \alpha_m^{1-\sigma} E_t[\varphi(1-\beta^{2(\sigma-1)}) - \alpha_m^{1-\sigma+\rho}(1-\varphi\beta^{\sigma-1})(\beta^{\sigma-1}-\varphi)]/\lambda\sigma$$

(4-18)

从式(4-18)看，当 $\beta^{\sigma-1} < \varphi$ 时，a_m 取任意值，恒有 $V(a_m) > 0$。也就是说，如果运输费用充分低，西部地区所有的企业都会迁移到制度环境较优的东部地区生产。而当 $\beta^{\sigma-1} > \varphi$ 时，由 $V(a_m) = 0$ 可得：

$$\alpha_m^{1-\sigma+\rho} = \varphi(1-\beta^{2(\sigma-1)})/(1-\varphi\beta^{\sigma-1})(\beta^{\sigma-1}-\varphi) \tag{4-19}$$

由式(4-19) $\alpha_m < 1$，可得：①$\beta^{\sigma-1} > 2\varphi/(1-\varphi^2)$，继而我们可以得出以下结论：在"冰山运输成本"较高的情况下，只有生产率较高的企业会向制度环境较优的东部地区集聚，随着"冰山运输成本"的持续降低，会有越来越多的企业进行生产迁移，直至所有企业都集聚到制度环境较优的地区。②在"冰山运输成本"较低的情况下，$\beta^{\sigma-1} < 2\varphi/(1-\varphi^2)$，西部地区所有的高技术企业都会迁往制度环境较优的东部地区。

第三节 本章小结

高技术产业集聚的影响因素是非常复杂的，其中制度环境是影响高技术产业集聚的重要因素。本章在对 Paul R. Krugman（保罗·克鲁格曼，1991）的中心—外围模型分析的基础上，融入制度环境因素，在比较静态均衡的分析框架内分析内生交易费用对厂商生产区位选择的影响，进而揭示地区制度环境通过内生交易费用影响高技术产业集聚的机制，在理论上进一步丰富了高技术产业集聚的学理基础。结论表明：地区制度环境的优劣决定着高技术企业在该地区生产经营活动中的内生交易费用的高低。如果制度环境欠佳，将相应地提高企业的内生交易费用，继而降低生产资源的空间配置效率。除非产业集聚区的市场规模足够大，且运输成本非常低，使其能够抵消提高的那一部分内生交易费用，否则，即使产业集聚区有一定的资源优势、规模报酬递增及集聚外部性，企业也不会继续向该地区迁移。希望这些研究结论对国家或地区制定高技术产业发展政策或产业规划能有一定的借鉴意义。

国家或地区应该根据自身比较优势制定高技术产业发展政策或产业规划，比较优势又分为外生比较优势和内生比较优势。前者是由国家的资源禀赋、市场、技术水平和区位条件决定的，后者则是由规模报酬产生的，取决于国家的经济、文化、法律和政治体制等制度。David Ricardo（大卫·李嘉图，1817）在《政治经济学及赋税原理》一书中，提出了著名的比较优势原理。Grossman 和 Helpman（格罗斯曼和赫尔普曼，1989）提出了基于自由进入和平均定价的垄断竞争模型，认为产品多样化是由规模报酬和市场规模内生决定的。James R. Tybout（詹姆士·梯伯特，1993）认为，内部规模收益递增是比较优势的源泉。杨小凯和黄有光（1994）提出，分工专业化是由规模报酬递增产生的内生比较优势的根源，且内生比较优势会随着分工水平的提高而提高。他们认为，内生比较优势会随着分工水平的提高而提高，分工不但能够提高经济个体的专业化水平，而且加快了资本积累。如此一来，即使没有外生比较优势的经济个体，通过参与分工，也能获得内生比较优势。结合这些理论观点,我们认为,规模报酬递增是高技术产业集聚的根本动力,优越的制度环境通过减少内生交易费用而产生规模报酬递增效应,进而影响企业生产区位的选择。那么,决策部门必然会通过持续提高制度环境增强其外生比较优势,吸引高技术产业到本地集聚,逐步形成专业化地区集聚,充分发挥其"外生"和"内生"双重比较优势,促进区域间分工专业化和高技术产业的健康发展。

第五章 制度环境、制度环境稳定性与高技术产业发展

良好的制度环境和高效率的经济组织对高技术产业发展起着至关重要的作用。高技术产业发展是科学技术和市场经济的结合,其集聚进程的快慢取决于促进创新活动开展和人的潜能充分发挥的制度环境,以及解决高技术产业发展中创新机制、融资、知识产权保护等问题。新制度经济学创始人道格拉斯·诺思(Douglass C. North,1994)提出,西欧国家之所以能最先摆脱"马尔萨斯"循环进入现代社会的原因在于这些国家具有更高效率的经济组织和知识产权保护体系。与其他产业相比,高技术产业之所以能够快速发展,就在于世界各国经过多年探索都采取了种种优惠措施和政策,在加快高技术产业集聚发展行程中形成了一套比较有效的投资、产权和激励制度。例如,风险投资制度缓解了高技术产业的融资难题,有限合伙制度解决了投资者的收益和风险平衡问题(郑辛迎、方明月、聂辉华,2014)。此外,政府的财税政策、贷款担保和资金扶持等对高技术产业集聚发挥了重要作用。高技术产业发展离不开金融、创意、教育、文化等服务业的支持,而这些产业都是制度密集型的产业。所谓制度密集型产业,即对制度环境敏感的产业。这些产业交易的频度高,因而交易的合同或契约会比较多;在生产或交易过程中涉及的人比较多,道德风险也比较大。所以,这些产业高度依赖于制度对产权的保护和对合同法的执行效果。而且这些产业的沉淀资本少,流动性大,也是它们对制度环境敏感的一个重要原因。

制度是社会博弈规则之一,是用以限制人们相互交往的行为规则(丁辉侠,2010)。优越的制度环境对地区高技术产业发展具有助推作用,由于良好的制度

环境可以通过减少交易活动和生产激励活动中的不确定性,进而降低交易费用。优越的制度环境还可以通过提供信任、有效的产权促进组织之间的交易活动,降低生产和流通成本,提高人们从专业化分工、贸易和生产中的收益,随之提高人们的收入水平(潘镇,2006)。相反,低劣的制度环境可能会阻碍高技术产业发展:一是低劣的制度环境会增加产品的交易费用,提高产品的生产成本;二是风向或不确定性会降低产品产值,掠夺性行为不仅会减少产品产量,还会导致资源从高技术产业流向其他产业;三是制度环境还会影响高技术产业产品的区域间流动。稳定性是制度的重要特性,稳定性的制度能够形成人们对未来的稳定预期,进而降低了高技术企业发展的不确定性。优良的制度能够促进高技术产业集聚。但是,一般来说,制度环境的完善往往伴随着一系列的制度变革和与此相伴的一段时期的制度不稳定(郭苏文、黄汉民,2011)。制度变革和由此产生的制度不稳定必然对一个地区的产业发展产生影响,况且制度变革的方向可能是正向的也可能是反向的,即使是对高技术产业发展和经济增长有利的制度变革,短时期内也会由于制度的不稳定而增加产业发展的成本。

本书以新制度经济学理论为基础,构建计量分析模型考察制度环境的区域差异对高技术产业发展的影响。与现有文献相比,本书将从以下几方面展开研究:首先,将新制度经济学理论与新经济地理学理论相结合,揭示地区制度环境影响高技术产业集聚的机理,从而丰富高技术产业集聚的理论支持;其次,制度环境影响高技术产业发展的同时,反过来也内生于地区高技术产业集聚水平,本书选取若干控制变量有效克服制度环境的内生性问题;最后,将面板数据固定效应模型、空间计量模型和分位数回归模型相结合,全面分析制度环境、制度环境稳定性对高技术产业集聚水平提高的影响。

第一节 中国高技术产业发展的制度演变

吴敬琏(2002)在《制度高于技术》中提出,决定一个国家、一个地区、一个企业高新技术发展状况的最主要的因素,不是物质资本的数量和质量,而是与人力资本潜力发挥相关的经济组织结构和文化传统等社会因素即制度。我国高技术产业是在政府主导下起步的，政府确定国家高技术发展重点，然后动员各方物质资源和科技人力资源进行"攻关"。从历史的角度分析，由于政府拥有相对充分的信息和调动资源的能力，科技"攻关"在科学发展和技术进步方面发挥了重要作用。纵观我国高技术产业发展的大半个世纪，可以分为四个阶段：

一是起步阶段（1956~1985年）。在中央集权的经济体制下，政府发布行政命令直接干预高技术产业的发展，由政府统一调拨、配置科技资源，从项目的决策、实施到开发都依靠政府部署，企业没有自主权。国有企业作为高技术产业的主体，进行了航空、核能、火箭、电子等新兴工业部门的研究，并在卫星、导弹、原子能、计算机等领域取得了一批科技成果（綦良群，2005）。在非军工方面，牛胰岛素的成功合制标志着当时中国的高技术已达到国际先进水平。中华人民共和国成立初期在资源匮乏、技术落后且封闭的情况下，计划经济体制有助于快速建立社会主义工业体系，具有一定的适用性。

二是探索阶段（1986~1998年）。随着改革开放的顺利进行，在世界范围的新技术革命的影响下，高技术产业逐步打破计划经济体制的束缚，探索有中国特色的社会主义市场经济发展道路。中国高技术产业制度开始从国家的强制性变迁为主向诱致性变迁过渡，高技术企业作为市场经济的主体在市场中的主动性越来越强，政府开始发挥引导作用，通过土地、税收和优惠政策等"政策倾销"来推动高技术产业快速发展（宾建成、陈柳钦，2006）。"863"计划和"火炬"计划的实施，突破了科技、经济"两张皮"困境，大大促进了中国高技术产业的发展。培育了北大方正、清华同方等一批龙头企业，同时，国家级高新区科技企业孵化器、科技园也培育了大批中小型的高新技术企业。1995年全国科学技术大会提出，将一些高技术产业发展成为国民经济的支柱产业，标志着中国高技术开始走向产业化、商品化和国际化。在此期间，我国建立了国家级高新技术产业开发区54家，从整体上形成了点带结合，沿海内地纵深对应，产业特色逐渐显现的发展格局，微电子、信息、生物、自动化、新能源、激光等领域得到了迅猛发展。但是，这段时期一些地方扩张过快，出现了高技术产业附加值低、低水平重复建设、创新动力不足、竞争力弱的局面。

三是高速增长阶段（1999~2008年）。1999年，全国科技大会的召开，各级政府、科技园区、科研机构等都积极贯彻《中共中央、国务院关于加强技术创新，发展高科技，实现产业化的决定》（以下简称《决定》），高技术产业发展成为全社会普遍关注的问题，各级政府部门意识到建设科技体系对经济发展的重要性。《决定》提出了各创新主体在创新链中的地位和作用，确立了企业在科技创新中的主体地位和配置创新资源的主导作用。之后，高技术产业发展作为推动科技进步、经济发展的主旋律贯穿于各种政策和规划中，一些专门支持高技术产业、高技术产品出口的政策及配套细则相继出台。从最初的支持高技术产品出口、为企业出口产品提供便利的报关条件等，逐步扩充到出口创新服务体系、国际市场准入服务体系、建设出口创新技术服务体系等服务体系的建设上。针对高技术企业的认定及支持政策，从高新区内扩大到高新区外的企业也可进行高企认定并享受相关优惠政策。在高技术产业创新方面，最初的支持基础、关键技术创新发展成为原始技术创新与科技成果转化并重，推动了一批促进科技成果转化的平台及产业基地建设（吕明洁、陈松，2011）。在此期间中国高技术产业呈双高速增长，即增加值高增长、就业高增长，迅速实现了高技术科技化到高技术产业化的重大转变。在土地、资源和优惠政策的作用下，高新技术开发区快速发展，中国高技术产业凭借廉价劳动力优势融入世界产业链，成为"世界工厂"。

四是全面发展阶段（2009年至今）。在国际金融危机的影响下，大批不具备自主创新能力的企业受到了重创。国家对高技术产业的支持更加全面，如高技术成果研发及产业化、创新体系建设、高技术服务机构建设等方面。2010年，国家发改委出台推进高技术服务业发展的通知，将高技术服务业认定为高技术产业的重要组成部分，促进了以研发设计、医药外包、信息服务为代表的高技术服务业的发展。中共十八大以来，中共中央把创新放在国家发展全局的核心位置，围绕实施创新驱动发展战略、加快推进以科技创新为核心的全面创新，提出了一系列新思想、新论断、新要求。习总书记多次在讲话中反复强调创新的支撑和引领作用，高技术产业是创新的孵化器，应加强创新平台建设，培养创新人才队伍，促进创新链、产业链、市场需求有机衔接，争当创新驱动发展的先行军。

2015年以来，高技术产业进入传统增长动能衰减和转向高质量发展"双碰头"阶段,迫切需要产业新旧动能转换加快产业转型。招商是政府和市场基于效益最大化和效率最优化互动的结果,为增强高技术产业发展后劲,解决产业发展的基础问题,各地政府都在努力打造低税费成本、低融资成本、低物流成本、低要素成本和低制度性管理成本"五低成本"的投资环境。高技术产业区从优化资源配置着手,通过产业链招商、资本注入式招商、牌照资源补缺式招商、收购兼并式招商、PPP合作招商和产业引导基金招商六种方式,推进供给侧结构改革,建立健全高技术产业"微笑曲线"。

为了在新一轮科技革命和产业变革中培育高技术产业发展的新动力、新技术、新业态和新模式,在京津冀一体化、长三角一体化、粤港澳大湾区等国家战略及"一带一路"国家倡议的带动下,各地在政策上向高技术产业合理布局、创新链和产业链的上下游实现区域联动等方面向协同创新倾斜,根除限制资本、技术、产权、劳动力等生产要素自由流动和优化配置的体制机制障碍(胡昭玲、张玉,2006)。具体地说,主要包括以下几方面:一是优化创新创业环境,扎实推进"放管服"改革,激发和保护企业家精神。加快政府转型,发挥市场决定作用和政府有为作用,理顺政商关系,加快构建"亲""清"新型的政商关系。降低政府对市场经济的干预作用,发挥市场机制在资源配置中的决定性作用,极大地限制了企业家的活动空间。"亲""清"新型的政商关系重新界定政府与市场的边界,斩断政商勾结的利益链条。二是持续放宽市场准入、外资准入限制,不断创新监管理念和方式。持续加大开放力度,精简外资进入负面清单(董志强、魏下海、汤灿晴,2012)。深化"互联网+政务"服务,承诺"最多跑一趟",抓好政务大数据中心建设,推广并联审批、在线办理、一网通办等服务形式。三是在人才引进方面,招商引资招才引智并重。采取"招商平台+人才团队+产业基金+产业园区"模式,以创新平台和项目为载体,将人才、项目、产业有机融合,实现招商引资和招才引智同频共振(周超、刘夏、辜转,2017)。各地统筹人才落户、子女入学、配偶就业等优秀人才关心的公共服务问题,为高技术人才提供称心如意的工作生活环境。四是建立多层次资本市场。在制定税收优惠政策的基础上;健全和完善高技术企业的信用担保体系,将担保方式扩大到产权担保、信用担保、第三方担保、动产质押、企业主信用等方面。鼓励企业家将企业进行关键核心技术研发平台与市级、国家级创新平台对接,并提供较大数额的补贴，形成政府和社会资金相结合的投入机制。逐步建立风险投资、股权投资、知识产权质押等金融产品创新和多层次的投资、担保体系（何凌云、陶东杰，2018）。五是注重构建开放协同创新模式。随着全球创新网络的形成、互联网的覆盖和创新效率的提高，开放式创新得到推广。高技术产业政策在微观层面上开始注重科技资源共享、技术转移等优化创新资源配置和创新成果转化的平台和机构建设；在中观层面上支持区域协同创新、产业联盟建设；在宏观层面上注重国际科技合作与交流，鼓励企业积极参与国际分工合作，国家间合作建设技术创新平台、科技企业孵化器，为利用全球创新资源提供平台。

第二节 研究假设

不同的制度环境对交易费用和交易效率的影响差异较大（潘镇，2006）。良好的制度环境可以提高交易的透明度和规范化，保护市场交易双方的权益，减少负外部性，提高资源配置效率，鼓励外商投资的引入。而低劣的制度环境会降低政府主导的公共产品质量、放大信息不对称，增加企业交易费用，提高企业经营风险，降低投资收益。稳定性是制度环境的重要属性，如果一个地区或国家在一定时期内的制度环境稳定，有利于投资者对未来形成比较稳定的预期，从而减少经济发展中的不确定因素和交易费用（郭苏文，2011）。因此，制度稳定性通过持续降低市场交易费用加快一个地区的高技术产业集聚。反之，制度环境不稳定会阻碍社会信用机制的形成、降低制度制定者的权威，导致腐败现象和机会主义行为，进而增加高技术产品的生产成本和交易费用。

政府行为、财政金融政策、经济开放政策等制度安排对高技术产业具有创新激励作用，政府是完善基础设施、营造区域创新环境的重要参与者，对高技术产业集聚具有重要作用（李建玲、孙铁山，2003）。政府作为技术创新网络的重要组成部分，对高技术产业投融资起着导向作用（张小荣，2004）。国家的不平衡发展战略和优惠政策是中国高技术产业集聚在东部地区的重要原因（刘筱、王铮，2006）。与金融政策相比，税收政策对高技术产业集聚的影响更为显著（樊元、李丽媛、同小歌，2014）。同时，政府为加快地区高技术产业集聚发展采取政策倾斜，使制度环境存在区域差异。较优的制度环境能够引导资源合理跨区域流动，提高高技术产业的要素配置效率，降低高技术产业交易、搜寻成本。而且高技术产业具有技术创新优势，对其他产业优化升级具有主导和带动作用，高技术产业集聚往往产生技术、知识、经济等溢出效应，高技术产业的溢出效应与距离远近成正比（李新、王敏晰，2009），与行业间投入产出的关联程度紧密相关（吴永林、陈钰，2010）。在地理邻近、技术邻近的情况下，高技术产业的研发投入对产业产生显著的正向促进作用，区域间的知识溢出效应显著（王庆喜，2013）。高技术产业对传统产业的溢出效应显著，但是，传统产业对高技术产业没有产生显著的溢出作用（钟鸣长、沈能，2006）。溢出效应使高技术产业的区域集聚特征显著，由于高技术产业具有突出的技术优势，其技术溢出对传统产业的发展起着至关重要的作用。各地区为加快高技术产业发展，在人才引进、资金投入、税收优惠等政策方面，都明显向高技术产业倾斜，并营造良好的制度环境，创新管理体制。

一般来说，一个地区的市场经济体制越完善、市场配置生产要素的效率越高、市场准入和退出越容易、行政干预越少、经济发展水平越高（马忠新、陶一桃，2018）。由于制度环境存在区域差异，地方产权保护、合约执行力度、投资者受保护程度等制度环境都会影响到高技术产业集聚的比较优势（李强、左静娴，2017）。此外，稳定的制度环境对高技术产业集聚同样重要，一个地区要进行合理的制度变革，首先要保持制度环境的稳定，使高技术企业能够进行合理的理性预期。作为运用空间杜宾模型研究制度环境、制度环境稳定性与高技术产业发展关系的前提，首先应确定高技术产业集聚是否存在空间自相关，由此提出假说1：

假说1：中国各省（市、自治区）的高技术产业集聚水平存在显著的空间自相关关系。

高质量的制度能够加快一个地区的高技术产业发展，制度环境的稳定性是其重要保障。如果制度环境发展缓慢，还可以通过其他途径推进高技术产业发展，如引进外资、提高对外开放水平、投资倾斜、税收优惠等。制度环境与制度环境稳定性共同影响着高技术企业的交易行为，制度环境对高技术产业集聚产生的促进作用,需要制度的稳定性提供保障,制度稳定性对高技术产业集聚作用的发挥,也需要高质量的制度作支撑。两者相辅相成,在促进区域高技术产业集聚过程中共同扮演着催化剂的角色。他们的作用可以通过引导高技术产业生产要素的合理流动、加快技术创新、提高人力资本水平等途径体现。在假说1的基础上,进一步研究在高技术产业发展过程中,制度环境、制度环境稳定性在不同分位点的影响机制是否存在差异,由此提出假说2:

假说2:制度环境、制度环境稳定性在不同分位点上对高技术产业集聚水平提高的影响呈非线性特征。

制度完善过程中存在波动,使制度环境、制度环境稳定性在不同分位点对高技术产业集聚的影响呈非线性特征。从逻辑分析看,可能存在以下原因:①在不同的分位点,高技术产业集聚的机理不同。在较低的分位点,市场需求、政府行为或企业家精神对高技术产业集聚的促进作用比较突出。随着高技术产业集聚规模的扩大,产业关联、人力资本、金融服务、中介组织对高技术产业集聚的影响逐渐增强。到了较高的分位点,高技术产业发展为产业集群,持久的创新能力、知识溢出的空间局限性是影响高技术产业集聚的重要动力。②在制度环境完善的过程中,必然要经历制度变革或波动,可能对高技术产业集聚产生阻碍作用。制度环境不稳定会阻碍区域高技术产业集聚水平的提高,但是,经济全球化、经济信息化发展使世界各地人们的交流日益频繁,制度变迁、制度创新或改革引致的制度环境不稳定不可避免。一段时间内的制度不稳定会影响投资者理性预期,增加经济主体的交易费用,进而对高技术产业集聚产生阻碍作用。制度环境的不稳定很大程度上是为了应对周边环境变化而做出的积极调整或区域制度不断完善,从长远看,将为该地区高技术产业集聚提供更强大的推动力量,但在短时间内,整个地区要为制度不稳定付出代价。③在制度环境达到较高的分位点以后,区域逐步形成稳定的信任机制、完善的金融市场、资本市场,高技术企业的市场进退更加宽松,应对制度波动等能力也逐步增强,制度环境、制度环境稳定性对高技术产业集聚的影响将不再显著。也就是说,高质量制度的边际贡献率越来越小。

第三节 计量模型设定、变量描述和矩阵构建

一、空间杜宾模型

空间计量经济学是计量经济学的一个分支,旨在研究经济活动的空间相互作用和空间结构问题。十几年以来,空间计量经济模型在社会科学领域的应用越来越广,尤其是在应用经济学领域的应用中呈"井喷式"增长的势头,成为计量经济学理论中的亮点之一。

常用的空间计量经济模型有空间滞后模型(SAR)、空间误差模型(SEM)和空间杜宾模型(SDM)。由于空间杜宾模型综合考虑了空间滞后的解释变量和被解释变量对被解释变量的共同影响,是空间滞后模型和空间误差模型的一般形式,能够更好地估计不同观测个体产生的溢出效应和基于空间面板数据的空间溢出效应。其形式为:

$$y = \rho Wy + \alpha l_n + X\beta + WX\gamma + \varepsilon, \quad \varepsilon \sim N(0, \sigma^2 I_n) \quad (5-1)$$

式中,Wy 是被解释变量的空间滞后项,WX 是解释变量的空间滞后项。由于高技术产业集聚水平具有显著的空间相关性,忽略空间影响的回归结果必然存在偏差。基于前文的理论分析和现有的文献研究,本书构建检验制度环境对高技术产业集聚水平提高的面板数据空间杜宾模型设定如下:

$$htc_{it} = \alpha l_n + \beta_1 ins_{it} + \beta_2 stab_{it} + \beta_3 ks_{it} + \beta_4 md_{it} + \beta_5 se_{it} + \beta_6 ft_{it} + \beta_7 hc_{it} + \beta_8 inf_{it} + \rho Whtc_{it} + \gamma_1 Wins_{it} + \gamma_2 Wstab_{it} + \gamma_3 Wks_{it} + \gamma_4 Wmd_{it} + \gamma_5 Wse_{it} + \gamma_6 Wft_{it} + \gamma_7 Whc_{it} + \gamma_8 Winf_{it} + \mu_{it} \quad (5-2)$$

式中,W 代表空间权重矩阵;Whtc 代表别被解释变量高技术产业集聚水平的空间滞后项;Wins 代表解释变量制度环境的空间滞后项;Wstab 代表解释变量制度环境稳定性的空间滞后项;Wks 代表控制变量溢出效应的空间滞后项;Wmd 代表控制变量市场需求的空间滞后项;Wse 代表控制变量规模经济的空间滞后项;Wft 代表控制变量对外贸易的空间滞后项;Whc 代表控制变量人力资本的空

间滞后项；Winf 代表控制变量基础设施的空间滞后项。

在不考虑空间滞后项的情况下，回归系数往往代表解释变量对被解释变量的影响，但是，在考虑空间滞后项的情况下，解释变量对被解释变量的影响变得较为复杂。一些学者采用直接效应、间接效应和总效应来说明解释变量对被解释变量的影响。直接效应代表解释变量对本地区被解释变量的直接影响，间接效应代表解释变量对其他地区被解释变量的直接影响，总效应代表解释变量对所有地区造成的平均影响。空间杜宾模型可以用下式表示：

$$(I_n - \rho W)y = X\beta + WX\theta + \iota_n \alpha + \varepsilon \tag{5-3}$$

$$y_i = \sum_{r=1}^{k}[S_r(W)_{i1}x_{1r} + S_r(W)_{i2}x_{2r} + \cdots + S_r(W)_{in}x_{nr}] + V(W)_i\iota_n\alpha + V(W)_i\varepsilon$$

$$y = \sum_{r=1}^{k}S_r(W)x_r + V(W)\iota_n\alpha + V(W)\varepsilon$$

其中，$S_r(W) = V(W)(I_n\beta_r + W\theta_r)$，$V(W) = (I_n - \rho W)^{-1} = I_n + \rho W + \rho^2 W^2 + \rho^3 W^3 + \cdots$

其矩阵形式为：

$$\begin{pmatrix} y_1 \\ y_2 \\ \vdots \\ y_n \end{pmatrix} = \sum_{r=1}^{k} \begin{pmatrix} S_r(W)_{11} & S_r(W)_{12} & \cdots & S_r(W)_{1n} \\ S_r(W)_{21} & S_r(W)_{22} & \cdots & S_r(W)_{2n} \\ \vdots & \vdots & \ddots & \vdots \\ S_r(W)_{n1} & S_r(W)_{n2} & \cdots & S_r(W)_{nn} \end{pmatrix} \begin{pmatrix} x_{1r} \\ x_{2r} \\ \vdots \\ x_{nr} \end{pmatrix} + V(W)\iota_n\alpha + V(W)\varepsilon \tag{5-4}$$

$$y_i = \sum_{r=1}^{k}[S_r(W)_{i1}x_{1r} + S_r(W)_{i2}x_{2r} + \cdots + S_r(W)_{in}x_{nr}] + V(W)_i\iota_n\alpha + V(W)_i\varepsilon$$

其中，$\frac{\partial y_i}{\partial x_{ir}} = S_r(W)_{ii}$，代表 x 对本地区 y 的平均影响，即直接效应，数值为矩阵 $S_r(W)$ 中对角线元素的平均值，记作：$\overline{M}(r)_{direct} = n^{-1}tr[S_r(W)]$。$\frac{\partial y_i}{\partial x_{jr}} = S_r(W)_{ij}$，代表 x 对其他地区 y 造成的平均影响，即间接效应，数值为矩阵 $S_r(W)$ 中非对角线元素的平均值，也是总效应与直接效应的差值，记作：

$$\overline{M}(r)_{indirect} = \overline{M}(r)_{total} - \overline{M}(r)_{direct} \tag{5-5}$$

总效应为矩阵 $S_r(W)$ 中所有元素的平均值，记作：$\overline{M}(r)_{total} = n^{-1}\iota_n S_r(W)\iota_n$。

二、变量描述

(1) 高技术产业集聚指数（htc）。根据《中国高技术统计年鉴》的产业分类，高技术产业分为医药制造业、航空航天制造业、电子通信及通信设备制造业、电子计算机及办公设备制造业、医疗设备及仪器仪表制造业五大类。高技术产业区域集聚指数的计算公式如下：

$$htc = \sum_{j=1}^{m} \left(S_{ijt} \bigg/ \sum_{i=1}^{n} S_{ijt} \right) \qquad (5-6)$$

式中，m=5，n=31，S_{ijt} 代表 i 地区 j 产业 t 年份的主营业务收入（或从业人员），m 代表高技术产业五大类，n 代表 31 个省（市、自治区）。

(2) 制度环境（ins）。由于制度环境涉及的范围很广，作为一个比较复杂的制度体系，制度环境的衡量没有一个特定的标准。制度环境的提高是一个系统的过程，利用数据指标进行测算也成为一项极为复杂的工作。王小鲁、樊纲、余静文等（2017）构建的《中国市场化指数 2016 年报告》着重对中国市场化改革进程中的市场化程度进行测度，既符合中国市场化进程的特点，又包括各个地区的详尽数据，在实证研究中得到了众多学者的认可。然而，《中国市场化指数》2011 年报告以 2001 年为基期，2016 年报告以 2008 年为基期，数据不具备连续性。基于此，本章以王小鲁、樊纲、余静文等（2001，2016）的"中国市场化指数"为基础构建了一套指标体系来测算中国各地区的制度环境。基于前文关于制度环境对高技术产业集聚的理论分析，与"中国市场化指数"类似，本书构建的制度环境由政府对市场的干预程度、非国有经济的发展、产品市场与要素市场的发育程度、专利保护与法律环境五个方面的指数构成；由于难以区分五个方面指数的重要程度的差异，我们取它们的算术平均值作为地区制度环境的值。如表 5-1 所示，各方面指数的选取与测度说明如下：

政府对市场的干预程度主要是通过政府规模、市场化程度以及国有企业规模对市场进行干预的程度体现的，一般来说，干预程度越低，制度环境越好。政府规模大小主要用公共管理、社会保障和社会组织就业人数占当地总人口的比值表示（成力为、孙玮，2012）；市场化程度用政府支出占当地 GDP 的剩余项表示（马娟、万解秋，2018）；国有企业规模用国有企业主营业务收入所占比例表示。

在此基础上，对各衡量指标取算术平均值表示政府对市场的干预程度。

表 5-1 制度环境指标体系

一级指标	二级指标	计算方法
政府对市场的干预程度	政府规模大小	用公共管理、社会保障和社会组织就业人数占当地总人口的比值表示
	市场化程度	用政府支出占当地 GDP 的剩余项表示
	税收干预	用高技术产业税收额与高技术产业总产值的剩余项表示
非国有经济的发展	主营业务收入	非国有经济在工业企业主营业务收入中所占比例
	从业人员	非国有经济从业人员占城镇从业人员的比例
	固定资本投资	非国有企业的固定资产投资占制造业固定资产投资的比例
产品市场发育程度	竞争能力	用地区企业数量的自然对数表示
	市场势力	高技术产业勒纳指数 =（人均主营业务收入 - 人均工资水平）/区域总主营业务收入
要素市场发育程度	金融市场	用金融机构贷存比表示
	人才市场	（科技人员当年数 - 科技人员上年数）/科技人员上年数
	技术市场	用技术开发、技术转让、技术咨询和技术服务类合同的成交额表示
专利保护与法律环境	司法保护水平	用律师占总人口的比例表示，超过5‰的赋值为1；否则，分值为实际的比例除以5‰
	专利产出水平	用三种专利批准数量与科技人员数的比值表示
	产权制度	用非国有资本占资本总量的比值表示
	专利侵权案件结案率	百分百结案的，赋值为1，未完全结案的，分值为实际结案率

非国有经济的发展体现在主营业务收入、从业人员和固定资本投资等方面（王小鲁等，2017）。主营业务收入用非国有经济在工业企业主营业务收入中所占比例表示；从业人员用非国有经济从业人员占城镇总从业人员的比重表示；固定资本投资用非国有企业的固定资产投资占制造业固定资产投资的比值表示，值越大表示非国有经济的发育程度越高。

由于王小鲁、樊纲等（2017）选用的测度产品市场发育程度的指标数据可得性，本书选取相关的替代指标来衡量，通常来说，市场化水平越高，产品的市场竞争力越强。在衡量产业市场竞争力时，一些学者选用竞争能力和市场势力指标来反映，企业数目越多，表明行业门槛越低，市场化水平越高；市场势力越高表明产业竞争力越强。在这里，竞争能力用地区企业数量的自然对数表示（陈仲常、余翔，2007）；借鉴陈羽、李小平等（2007）的方法，构建高技术产业勒纳指数衡量区域产业市场势力。取这两个指标的算术平均值衡量地区高技术产业的产品市场发育程度。

要素市场的发育程度主要体现在金融市场、人才市场和技术市场等方面。金融市场用金融机构贷存比表示，比值越大，银行支付的成本越低，收入越高，盈利能力越强（戴魁早、刘友金，2013）；人才市场用科技人员变动数与科技人员上年数的比值表示；技术市场用技术开发、技术转让、技术咨询和技术服务类合同的成交额表示。基于此，用金融市场、人才市场和技术市场的算术平均值表示要素市场的发育程度。

专利保护与法律环境从司法保护水平、专利产出水平、产权制度、专利侵权案件结案率等方面衡量。用律师占总人口的比例表示司法保护水平，超过5‰表明该地司法保护达到了较高的水平，赋值为1，当律师比例低于5‰时，分值为实际的比例除以5‰；专利产出水平用三种专利批准数量与科技人员数的比值表示（王小鲁等，2017）；产权制度用非国有资本比重表示（洪银兴，2018）；专利侵权案件结案率能够反映地区知识产权立法落实并严格执行的程度，结案率越高，表明知识产权保护做得越好（姚利民、饶艳，2009）。百分百结案的，"专利侵权结案率"赋值为1；未完全结案的，分值为实际结案率。取这四个指标的算术平均值表示地区专利保护与法律环境。

为了使制度环境及各分项指标跨年度可比，本书将基期年份设定为2000年，并对2000年的各单项指标进行标准化处理，使其最大值为10，最小值为0，跨年度变化后其值可能大于10或小于0。其计算公式如下：

$$t 年的第 i 个指标 = \frac{V_i - V_{\max(0)}}{V_{\max(0)} - V_{\min(0)}} \times 10 \qquad (5-7)$$

式（5-7）中，t 表示所计算指标的年份，下标中的（0）i 指标为在基期年份的值。此外，城市的传统文化、价值观、伦理道德和风俗习惯等非正式制度也会影响高技术产业的选址、生产与经营，而且非正式制度能够降低交易费用、促

第五章 制度环境、制度环境稳定性与高技术产业发展

进生产协作、获得规模经济、降低不确定性获得比较优势。这些因素可能会影响高技术企业的区位选择和产业集聚,但是本书没有将这些反映城市非正式制度的变量纳入计量模型,原因有二:一方面,非法搜集到反映城市文化、价值观、伦理道德和风俗习惯等非正式制度的指标数据,国际上的研究文献多采用语言作为地方文化的代理变量,显然不适合用于对中国城市地方文化的度量;另一方面,国与国之间在传统文化、价值观、伦理道德等非正式制度方面存在差异,但是,一个国家内部的非正式差异要小得多,对中国来说,影响区域间高技术产业发展的制度主要体现在政府对市场的干预程度、非国有经济的发展、产品及要素市场的发育程度、专利保护和法律环境等方面,因此,本书侧重于检验这些制度因素是否对城市高技术产业集聚水平有显著性影响。

(3) 制度环境稳定性 (stab)。制度环境稳定性的度量较为困难,本书借鉴郭苏文、黄汉文 (2010) 的研究,选用制度环境的变异系数作为制度环境稳定性的代理指标。变异系数用标准差与均值的比值表示,变异系数越大,制度环境的波动性越强,说明制度环境越不稳定;反之,则越稳定。

$$Ave = \frac{1}{n}\sum_{i=1}^{n} x_i, Sd = \sqrt{\frac{1}{n}\sum_{i=1}^{n}(x_i - Ave)^2}$$

$$stab = \frac{Ave}{Sd} \times 100\% \tag{5-8}$$

式中,Ave 为平均值,Sd 为标准差,stab 为变异系数。

(4) 溢出效应 (ks)。溢出效应是高技术产业集聚的重要原因,其溢出方式主要有 MAR 溢出、Jacobs 溢出和 Porter 溢出。借鉴路江涌和陶志刚 (2007) 的研究,根据 $ks = ks_i / \overline{ks_i}$ 得到区域相对溢出效应,ks_i 用各地区高技术产业新产品主营业务收入占高技术产业总主营业务收入的比重表示,$\overline{ks_i}$ 是 ks_i 的平均值。

(5) 市场需求 (md)。市场需求是决定企业区位选择的关键因素,它对高技术产业发展同样产生着重要影响。市场需求量的大小主要取决于产品价格、消费者的收入、嗜好以及替代品的价格等因素,各地区的市场需求通常使用各地区人均收入与全国人均收入的比值表示。

(6) 规模经济 (se)。规模经济产业集聚的重要原因之一,常用地区产业的企业平均规模表示,可运用 $se = se_i / \overline{se_i}$ 计算出各地区高技术企业的相对规模,se_i

是各地区高技术产业主营业务收入与企业数目的比值，$\overline{se_i}$ 是 se_i 的平均值。

(7) 对外贸易 (ft)。对外贸易对高技术产业发展具有重要作用，对外贸易的计算方法为 ft = $ft_i/\overline{ft_i}$，ft_i 是各地区进出口总额与 GDP 的比值，$\overline{ft_i}$ 是 ft_i 的平均值。

(8) 人力资本 (hc)。高科技人才集聚在特定区域既能够加快知识溢出又能够降低企业的人才搜寻成本，进而促进高技术产业集聚区的发展。本书选用 hc = $hc_i/\overline{hc_i}$ 代表人力资本水平，hc_i 是各地区高技术产业 R&D 人员全时当量占从业人员的比重，$\overline{hc_i}$ 是 hc_i 的平均值。

(9) 基础设施 (inf)。便利的基础设施是高技术企业选址的基本要求，因此，高技术企业更易于向基础设施完善的地区集聚发展。本书利用 inf = $inf_i/\overline{inf_i}$ 表示各地区的城市基础设施水平，其中 inf_i = (Railway + Highway)/2，Railway 表示地区铁路和高速铁路里程，Highway 表示地区高速公路里程，$\overline{inf_i}$ 是 inf_i 的平均值。

以上变量中所用到的数据来自 2001～2017 年《中国统计年鉴》《中国高技术产业统计年鉴》《中国科技统计年鉴》《中国金融年鉴》《中国法律年鉴》《中国交通年鉴》以及各城市的统计年鉴。为了增强不同年份数据间的可比性，各变量均以 2000 年为基期，进行标准化处理。

三、空间自相关检验

空间自相关性是指一个地区的某一经济现象与其邻近地区的同一现象是相关的。在实证分析中，常用 Moran's I 指数检验观测值的空间自相关性存在与否。其计算公式如下：

$$I = \frac{n\sum_{i=1}^{n}\sum_{j=1}^{n}W_{ij}(x_i-\overline{x})(x_j-\overline{x})}{\sum_{i=1}^{n}\sum_{j=1}^{n}W_{ij}\sum_{i=1}^{n}(x_i-\overline{x})^2} = \frac{\sum_{i=1}^{n}\sum_{j\ne 1}^{n}W_{ij}(x_i-\overline{x})(x_j-\overline{x})}{S^2\sum_{i=1}^{n}\sum_{j=1}^{n}W_{ij}} \quad (5-9)$$

式中，x_i 和 x_j 分别为 i 地区和 j 地区的观测值，n 为地区数目，W_{ij} 为空间权重矩阵，$\overline{x}$ 为观测值的平均值，S^2 为观测值的方差。Moran's I 的取值范围是 [-1, 1]，大于 0，说明地区之间存在正的空间自相关性；小于 0，说明地区之间存在负的空间自相关性；等于0，说明地区之间不存在空间自相关性；Moran's I 的绝对值越大，空间自相关性却强。当然，可以通过构建检验统计量 Z 对 Moran's I 的空间相关性进行显著性检验，假设不存在空间自相关。检验统计量 Z 的计算公式为：

$$Z(I) = \frac{I - E(I)}{\sqrt{Var(I)}} \sim N(0, 1) \qquad (5-10)$$

式中，E（I）为 Moran's I 的均值，Var（I）为 Moran's I 的方差。若 Z 拒绝原假设，则存在空间自相关。与全局 Moran's I 指数相比，局部 Moran's I 指数能够更清晰地反映一个地区与周围地区的空间依赖关系，因此，本书进一步选取局部 Moran's I 指数检验中国高技术产业集聚水平的空间自相关性。局部 Moran's I 指数的计算公式为：

$$I_i = \frac{n(x_i - \bar{x}) \sum_{j=1}^{n} W_{ij}(x_i - \bar{x})}{\sum_{j=1}^{n} W_{ij}(x_i - \bar{x})^2} \qquad (5-11)$$

Moran's I 指数用于反映区域经济活动的空间相关性，揭示是否存在集聚现象，但其不能反映低观测值或高观测值的具体集聚区域，故常利用 Moran's I 散点图描绘局域空间相关性。Moran's I 散点图通常将创新活动的集聚现象分为四个象限：第一象限表示高产业集聚水平的地区被高产业集聚水平的地区包围（HH）；第二象限表示低产业集聚水平的地区被高产业集聚水平的地区包围（LH）；第三象限表示低产业集聚水平的地区被低产业集聚水平的地区包围（LL）；第四象限表示高产业集聚水平的地区被低集聚水平的地区包围（HL）。如果观测值分布在第一象限和第三象限，表示存在正的空间自相关；如果观测值分布在第二象限和第四象限，表示存在负的空间自相关，如果观测值均匀分布在四个象限内，表示没有空间自相关关系。

四、空间权重矩阵的构建

空间权重矩阵是反映空间地理单元的相互关联程度。在现有的关于产业集聚的研究中，使用较多的是空间权重矩阵有：0~1空间权重矩阵、地理距离空间权重矩阵和经济距离空间权重矩阵。

1. 空间邻近权重矩阵

产业集聚现象由于空间上的邻近会产生空间自相关,通过空间邻近矩阵可以得到任两个地理空间单元的邻接关系。空间邻近矩阵的设定原则是:若两个地区相邻时为1,否则为0,对角线上元素全为0,即:

$$W_{ij} = \begin{cases} 1 & 区域\ i\ 和\ j\ 相邻 \\ 0 & 区域\ i\ 和\ j\ 不相邻 \end{cases} \quad (5-12)$$

空间邻近矩阵的构建原则:两地区之间是否相邻是决定各地区之间联系的唯一因素,即某一地区与其相邻的若干省份之间的影响程度是1,而与其不相邻的省份之间没有相互关系,取值为0,事实却并非如此。例如,与上海市相邻的省市只有江苏省和浙江省,按照邻近矩阵原则,那么上海就只与这两个省有联系,而与其他省份联系为0,显然是不符合事实的。而且两个相邻的地区交通不一定便利,二者之间的联系不一定最多,因此,空间邻近矩阵的构建存在诸多弊端。鉴于此,基于托布勒的地理学第一定律:任何事物与其他事物均存在联系,相对来说,距离较近的事物之间联系更为密切。为此,我们构建另外两种矩阵进行全面分析。

2. 地理距离空间权重矩阵

地理距离空间权重矩阵的构建原则是:用两个地区的行政中心之间距离的倒数为权重来衡量两个地区之间的"邻近"程度,越近,权重越大;越远,权重越小,即:

$$W_{ij} = \begin{cases} 1/d_{ij}^2 & i \neq j \\ 0 & i = j \end{cases} \quad (5-13)$$

地理距离空间权重矩阵的合理性在于它不仅能够反映相邻地区之间的相邻程度,也考虑了非相邻地区之间的关系。

3. 地理经济距离空间权重矩阵

地理经济距离空间权重矩阵以人均GDP差距的倒数为权重来构建各地区之间的矩阵。两个地区之间的收入差距越小,经济水平越接近,权重越大,经济水平差距越大,权重越小,即:

$$W_{ij} = \begin{cases} 1/(\overline{Y}_i - \overline{Y}_j) & 若\ i \neq j \\ 0 & 若\ i = j \end{cases} \quad (5-14)$$

式中，$\overline{Y}_i = \sum_{t=T_0}^{T} Y_{it}/(T-T_0)$，$Y_{it}$ 为 i 省 t 年的人均 GDP。中国经济的区域特征显著，因此，地区之间的经济发展水平越接近。用地理经济距离空间权重矩阵不会割裂非相邻地区之间的联系，但是，它也不能反映地方政府之间的关系。

第四节 实证研究及结果分析

一、空间自相关检验

首先，通过式（5-6），对 2001~2016 年中国内地 30 个省（市、自治区，西藏除外）以高技术产业区域集聚指数为高技术产业集聚水平的指标在地理空间上的自相关性即空间依赖性进行检验，得到所有年份的高技术产业集聚水平的 Moran's I 指数，见表 5-2。

表 5-2 2001~2016 年中国 30 个省（市、自治区，西藏除外）高技术产业集聚的 Moran's I 指数及检验

年份	Moran's I	Z (I)	VAR (I)	P
2001	0.186	2.461	0.0081	0.007
2002	0.167	2.307	0.007569	0.011
2003	0.18	2.372	0.0081	0.009
2004	0.176	2.342	0.0081	0.01
2005	0.178	2.38	0.007921	0.009
2006	0.195	2.552	0.0081	0.005
2007	0.19	2.475	0.008281	0.007
2008	0.157	2.127	0.0081	0.017
2009	0.162	2.197	0.0081	0.014
2010	0.163	2.225	0.007921	0.013
2011	0.132	1.93	0.007396	0.027

续表

年份	Moran's I	Z (I)	VAR (I)	P
2012	0.124	1.863	0.007225	0.031
2013	0.106	1.651	0.007225	0.049
2014	0.1	1.565	0.007396	0.059
2015	0.094	1.598	0.0064	0.055
2016	0.087	1.5	0.006561	0.067
均值	0.153059	2.124	0.007703	0.02324

从表5-2来看，2001~2016年中国高技术产业集聚水平的Moran's I统计量均大于零，并通过了10%水平的显著性检验，说明中国的高技术产业并不是随机分布的，集聚的态势较显著，即高集聚水平的省市彼此邻近分布，低集聚水平的省市邻近分布。相邻省市的高技术产业存在空间溢出效应，具有显著的空间正相关性。忽视地理空间区域的传统研究方法，会使研究结果存在一定偏差，研究结果与实际情况不符，因此，本书将空间依赖性纳入空间计量模型中进行估计。从近16年来Moran's I指数的变化趋势看，Moran's I指数先上升后下降，2006年达到最高值。2001~2013年在0.05显著性水平下通过了检验，2014~2016年在0.1显著性水平下通过了检验，表明随着社会经济的稳定发展，中国30个省（市、自治区）的高技术产业的地理空间分布的集聚趋势稍有减弱，但是，利用空间计量模型进行回归依然是最合理的。

二、局部相关性分析

Moran's I散点图是分析局部空间相关性关系的重要手段，图5-1给出了2016年中国30个省（市、自治区，西藏除外）高技术产业集聚水平的Moran's I散点图。在图5-1中，z是高技术产业集聚水平，Wz是邻近地区高技术产业集聚水平的加权平均值。图中的四个象限与高技术产业集聚的四种空间类型相对应，位于第一象限的地区属于高—高类型，包括北京、天津、上海、江苏、浙江、山东和广东。第二象限属于低—高类型，包括内蒙古、福建、安徽和海南四个地区。第三象限属于低—低类型,包括河北、山西、吉林、黑龙江、江西、辽宁、湖北、湖南、广西、贵州、云南、甘肃、青海、宁夏和新疆。第四象限属于高—低类型,包括河南、四川和陕西。这表明2016年中国高技术产业集聚现象的正向空间相关性显著,大多数省市与其邻近地区的产业集聚水平相近。这与全局Moran's I指数的分析一致,进一步证实了传统的忽视地理空间依赖性的方法不适合研究中国高技术产业的空间分布,故应该引入空间依赖性,运用空间计量经济模型进行估计。

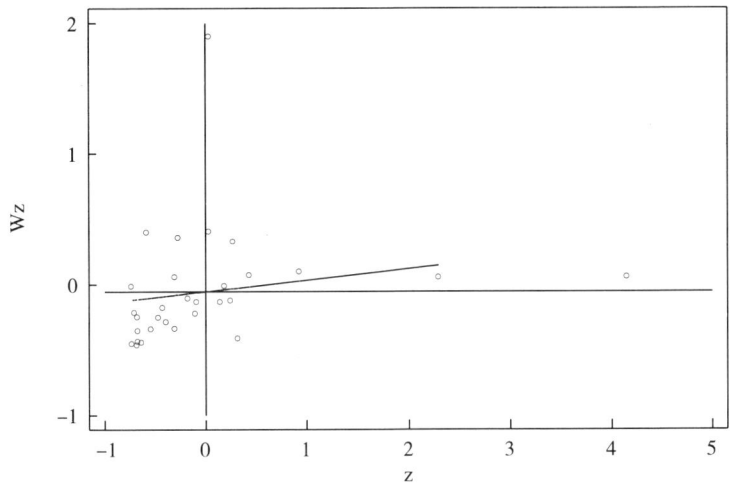

图5-1 2016年Moran's I散点图

三、面板数据回归

本书选取2001~2016年中国各省(市、自治区,西藏除外)的统计数据,$t=16$,$n=30$,属于短面板数据,无须进行单位根检验和协整检验。通过F统计量检验和Hausman检验之后,在混合OLS模型、固定效应模型以及随机效应模型中,本书选择固定效应模型进行回归。在数据收集和整理的基础上,本书利用Stata(14.0)软件进行操作,回归结果见表5-3。

表5-3 面板数据固定效应模型回归结果

变量	回归系数	标准差	t	P值	变量	回归系数	标准差	t	P值
ins	0.057123	0.011005	4.77	0.000	ft	-0.0277867	0.017563	-1.58	0.114
stab	-0.02831	0.013388	-2.11	0.035	hc	-0.311261	0.168965	-1.84	0.066
ks	0.039183	0.009515	4.12	0.000	inf	0.023109	0.011819	2.99	0.051
md	0.078411	0.019696	3.98	0.000	_cons	0.075238	0.030988	2.43	0.016
se	0.056746	0.012723	4.46	0.001	Adj R^2	0.5174			

从表5-3来看，制度环境（ins）对高技术产业集聚水平提高的影响在1%的水平上是显著的，与前文的理论分析一致。制度环境的提高通过降低交易成本、规模经济效应、技术和知识溢出效应促进高技术产业集聚水平的提高。制度环境稳定性（stab）的系数为负，在5%的水平上显著，说明制度环境稳定性降低会增加企业的交易成本，进而延缓高技术产业的发展。也可以说，制度环境的不稳定不能为高技术产业集聚提供良好的制度保障，在一定程度上会阻碍高技术企业集聚。在控制变量方面，溢出效应（ks）、市场需求（md）、规模经济（se）和基础设施（inf）对高技术产业集聚水平提高的影响都显著为正。说明一个地区高技术产业的溢出效应越强、市场需求规模越大、规模经济经济越高、人力资本供应越充足、基础设施越便利对地区高技术产业集聚水平提高的正向促进作用越强。人力资本（hc）对高技术产业发展的影响的系数为负，且在10%的统计水平上显著。这表明中国的人力资本较为薄弱，对高技术产业集聚水平提高起了阻碍作用，中国应持续加大高技术人才培养和引进力度。另外，对外贸易（ft）的影响不显著。

四、空间依赖性检验与空间计量模型选择

为了能够准确估计制度环境、制度环境稳定性与高技术产业发展之间的关系，必须要在不同的空间面板计量模型之间选择一种最为合适的模型进行参数估计。首先应用LM检验统计量在普通面板计量模型与空间面板计量模型之间进行选择，根据固定效应联合显著性检验结果得出：空间和时间双重固定效应的LR检验结果分别为56.3857（0.000）和129.7014（0.000），说明选择的模型中应该同时包含空间和时间双重固定效应。因此，LM统计量检验结果必须在空间和时间双固定效应模型计算后得出，如表5-4所示，它们均在5%水平下显著，说明空间滞后模型（SAR）和空间误差模型（SEM）同时成立，需要我们进一步估计空间杜宾模型（SDM）。

表5-4　空间依赖性检验

检验	统计值	P值
LMLAG	21.3870***	0.000
R - LMLAG	6.1375**	0.023
LMERR	49.3648**	0.041
R - LMERR	32.2719***	0.006

注：***、**、*分别表示在1%、5%、10%水平下显著。

为了确定合适的空间面板模型，还需要计算出空间滞后和空间误差的Wald统计量，来判断SDM模型是否退化为SAR模型和SEM模型。SAR和SEM的Wald统计量检验结果分别为43.5561（0.005）和19.3725（0.000），说明与SAR和SEM模型相比，进行实证分析时选取更广义形式的SDM模型是合适的。最后，进行Hausman检验，其统计量为10.3627，其对应的P值为0.0031，拒绝了存在随机效应的原假设，因此采用固定效应的SDM模型对本章进行分析更有效。这是由于固定效应模型可以将扰动项中存在个体异质和时间异质的，同时有可能导致内生性问题的误差估计出来，提高估计结果的一致性。

五、基于空间面板杜宾模型的回归结果

本书基于高技术产业溢出效应及其空间依赖性选择了空间杜宾模型。回归结果见表5-5。

从表5-5的回归结果来看，空间杜宾模型的$R^2=0.7413$与固定效应回归模型相比有显著提高，制度环境、市场需求、规模经济、对外贸易和基础设施的空间滞后项都是显著的。然而，空间杜宾模型的回归系数并不能全面反映解释变量对被解释变量的影响，具体可以通过直接效应、间接效应和总效应来反映，其结果见表5-6。

表5-5 空间杜宾模型的回归结果

变量	回归系数	标准差	t	P值	变量	回归系数	标准差	t	P值
ins	0.070646	0.014501	4.87	0.000	W×ins	-0.074025	0.022093	-3.35	0.001
stab	-0.024043	0.015634	-2.01	0.045	W×stab	0.02894	0.024772	1.17	0.243
ks	0.039675	0.00928	4.28	0.000	W×ks	-0.027846	0.024611	-1.13	0.258
md	0.079855	0.019838	4.03	0.000	W×md	-0.086821	0.035359	-2.46	0.014
se	0.059468	0.012741	4.67	0.000	W×se	0.097759	0.034381	2.84	0.004
ft	-0.030492	0.017418	-1.75	0.080	W×ft	-0.143721	0.051627	-2.78	0.005
hc	-0.262929	0.178469	-1.47	0.141	W×hc	-0.095701	0.027878	-0.94	0.331
inf	0.014018	0.013769	1.02	0.309	W×inf	0.047751	0.024589	1.94	0.052
Log-likelihood	439.0106				R^2		0.7413		

表5-6 空间杜宾模型的直接效应、间接效应和总效应

直接效应	回归系数	t统计值	P值	间接效应	回归系数	t统计值	P值	总效应	回归系数	t统计值	P值
ins	0.063721	4.76	0.000	ins	0.0481614	3.35	0.002	ins	0.029591	1.07	0.017
stab	-0.024281	-2.12	0.047	stab	-0.029321	-1.11	0.266	stab	-0.053684	-1.57	0.119
ks	0.040169	4.45	0.000	ks	-0.027585	-1.06	0.238	ks	0.06730	0.29	0.396
md	0.077978	4.19	0.000	md	-0.082931	-2.02	0.043	md	-0.044149	-1.02	0.307
se	0.057132	4.99	0.000	se	0.037681	2.91	0.004	se	0.0458613	3.49	0.000
ft	-0.029207	-1.87	0.061	ft	-0.135436	-2.61	0.009	ft	-0.045412	-3.51	0.000
hc	-0.128441	-1.44	0.149	hc	-0.407938	-1.09	0.276	hc	-0.024537	-2.15	0.032
inf	0.014339	1.04	0.298	inf	0.052588	2.05	0.040	inf	0.028745	3.41	0.013

从表5-6来看，在空间杜宾模型的直接效应中，解释变量制度环境、制度环境稳定性对本地区高技术产业集聚水平提高的影响依然显著，说明高质量的制度为高技术产业集聚水平的提高提供动力机制，稳定的制度环境为高技术产业集聚提供制度保障。控制变量中，溢出效应（ks）、市场需求（md）、规模经济（se）等对本地区高技术产业集聚水平提高具有显著的正的促进作用。这说明高技术产业发展产生的溢出效应，使知识、技术和信息在地理空间上邻近的地区快速传播，进而促进邻近地区高技术产业的发展。根据新经济地理学理论，高技术企业的发展与市场需求密不可分，企业的生产要素来自市场，企业产品的价值通

过市场交易实现（席艳玲、吉生保，2012）。因此，市场需求往往对高技术企业选址具有重要的导向作用，而且企业提供的差异化产品也会吸引更多消费者前来购买。另外，由于企业的外部性会随着规模经济的扩大而增强，规模较大的高技术企业在特定区域集聚，会形成一种循环累积作用，从而吸引更多的企业入驻（余甫功、欧阳建国，2007）。为了降低交易费用，上下游企业会选择集聚布局。集聚区内的企业由于竞争和风险将逐渐形成彼此合作、互利共生的关系，进一步促进高技术产业集聚水平的提高。

另外，对外贸易（ft）对本地区高技术产业集聚的影响显著，系数为负。说明与高技术产业发展进程相比，中国对外贸易发展的速度较慢，一定程度上阻碍了本地区高技术产业集聚水平的提高。基础设施的影响不显著，说明城市基础设施还有待完善。

在空间杜宾模型的间接效应中，制度环境在1%水平上是显著的，说明制度环境对其他地区的高技术产业集聚水平提高具有显著正的促进作用。在控制变量中，市场需求（md）和对外贸易（ft）呈显著的负向影响，说明本地区的市场需求规模扩大，会吸引更多的高技术企业进入，对其他地区高技术产业集聚水平提高则产生阻碍作用。同时，本地区的对外贸易水平的提高，也会对其他地区高技术产业集聚水平提高产生阻碍作用。此外，制度环境稳定性、溢出效应、人力资本和基础设施的间接效应均不显著。制度环境稳定性的影响不显著，说明本地区的制度变革不会对其他地区的高技术产业集聚发展产生显著影响。中国高技术产业的溢出效应、人力资本和基础设施还相对较为薄弱，还不足以对其他地区的高技术产业集聚水平提高产生影响。

在空间杜宾模型的总效应中，制度环境（ins）在5%水平上显著，说明制度环境对所有地区的高技术产业集聚水平的提高具有促进作用，这与前文的理论分析一致，即制度环境通过建立信任、提供有效产权，降低企业的生产成本和产品的交易费用，促进高技术产业集聚水平的提高。制度环境稳定性（stab）的影响不显著，说明中国的制度环境比较稳定，制度变革或制度波动没有对高技术产业集聚产生显著影响。在控制变量中，规模经济（se）对所有地区高技术产业集聚的影响在1%水平上是显著的，说明高技术产业规模经济的大小对吸引企业入驻和推动高技术产业集群形成起着至关重要的作用。对外贸易（ft）、人力资本

(hc)和基础设施(inf)等对所有地区高技术产业集聚呈显著的负向影响。对外贸易(ft)在1%水平下是显著的,但是对高技术产业集聚水平提高产生了阻碍作用,说明中国的对外贸易有待进一步提高,增加企业在国际上的直接交流机会,理顺贸易促进机构的运行机制,使对外贸易能够促进区域高技术产业集聚水平的提高。人力资本(hc)在5%水平上是显著的,说明中国人力资本水平较低,不能满足高技术产业发展需要,应加大人才培养、引进和继续教育投入。基础设施(inf)在1%水平上是显著的,同样对高技术产业集聚水平提高起的是阻碍作用,说明中国城市的基础设施还不够完善,不能满足市区高技术企业货物运输、员工交流及合作创新的需要,需要加大基础设施投入,为高技术企业营造良好的发展环境。溢出效应(ks)、市场需求(md)的影响不显著,说明中国的高技术产业发展的区域差距在缩小,发达地区高技术产业的垄断地位有所下降,地区间的竞争程度日益增强。

考虑到制度环境影响的滞后性,将制度环境滞后一期进行稳健性检验,结果见表5-7,稳健性检验结果进一步验证了本书的研究结论。由于制度环境影响的滞后性,当期的制度环境的作用不一定显著,引入制度环境的一阶滞后项回归,制度环境对本地区、其他地区和所有地区的高技术产业集聚的影响更为显著,这也说明了制度环境具有时间成本难以破解的时滞效应。

表5-7 稳健性检验结果

直接效应	回归系数	t统计值	P值	间接效应	回归系数	t统计值	P值	总效应	回归系数	t统计值	P值
L.ins	0.070241	4.76	0.000	L.ins	0.056034	-2.95	0.002	L.ins	0.035241	1.54	0.021
stab	-0.027251	-2.06	0.045	stab	0.03135	1.05	0.235	stab	-0.045347	-1.43	0.107
ks	0.043125	4.23	0.000	ks	-0.027585	-1.06	0.238	ks	0.05721	0.25	0.316
md	0.071953	3.35	0.016	md	-0.052931	-1.73	0.029	md	-0.034149	-1.32	0.287
se	0.061128	4.99	0.000	se	0.057785	2.91	0.005	se	0.048162	2.45	0.000
ft	-0.032272	-1.87	0.057	ft	-0.135436	-2.61	0.007	ft	-0.041521	-3.13	0.000
hc	-0.083413	-1.44	0.174	hc	-0.370513	-1.34	0.296	hc	-0.035271	-2.03	0.027
inf	0.064279	1.54	0.283	inf	0.047523	2.05	0.039	inf	0.057450	2.71	0.009

总的来说,制度环境对本地区和所有地区的高技术产业集聚水平提高有显著

的促进作用；制度环境稳定性对本地区和所有地区产生显著的阻碍作用。制度环境对其他地区高技术产业集聚具有显著的阻碍作用，制度环境稳定性对其他地区产生显著的促进作用。不同的高技术产业集聚水平，制度环境、制度环境稳定性对其影响强度是不一样的，为了更准确地分析制度环境与地区高技术产业集聚水平提高的影响，接下来本书采用面板数据分位数回归进行深入探讨。

六、面板数据分位数回归

1. 分位数

分位数是描述数据集中分布状况的指标，就是将数据按从小到大的顺序排列，根据数据的位置定义分位数，如位于数据排列中50%位置的数据为1/2分位数。从概率统计的角度说，对一个连续型随机变量Y，若$Y \leq Q(\tau)$的概率是τ，Y的τ分位数值是$Q(\tau)$。也就是说，$Q(\tau)$是Y的第τ分位数。

假设连续型随机变量Y的分布函数为：$F(Y) = P(Y \leq y)$，那么，Y的第τ分位数为$Q(\tau) = \inf\{y: F(y) \geq \tau\}$。对于$Y$的随机样本$\{y_1, y_2, \cdots, y_n\}$，其均值是$\min \sum_{i=1}^{n}(y_i - \xi)^2$的最优解，样本中位数是残差绝对值最小值之和，即$Q(1/2) = \min \sum_{i=1}^{n}|y_i - \xi|$。对于其他的第$\tau$分位数，可以求解下式得出：

$$\min \sum_{i=1}^{n} P_z(y_i - \xi) \min\left[\sum_{i \in \{i: y_i \geq \xi\}} \tau |y_i - \xi| + \sum_{i \in \{i: y_i < \xi\}} (1-\tau)|y_i - \xi|\right] \quad (5-15)$$

如果令$\rho_\tau u = \begin{cases} \tau u, & u \geq 0 \\ (\tau - 1)u, & u < 0 \end{cases}$，则式(5-15)与$\min \sum_{i=1}^{n} \rho_\tau(y_i - \xi)$等价。

2. 分位数回归

分位数回归（Quantile Regression）是由 Koenker 和 Bassett 在1978年提出来的，旨在研究自变量与因变量的条件分位数之间的关系。它不仅可以度量回归变量在分布中心的影响，还可以度量在分布上尾和下尾的影响，与传统最小二乘回归相比，其估计量不易受到异常值的影响，估计结果更加稳健。此外，分位数回归能够拟合出一簇曲线，当自变量对处于不同水平的因变量的影响不同时，对条件分布特征的反映更加全面。

一般线性函数的条件期望值 $E(Y|X=x) = x'\beta$，可以通过式 $\beta = \mathrm{argmin}\sum_{i=1}^{n}(y_i - x'\beta)^2$ 的解得到，而一般线性函数的条件分位数函数为，$Q(\tau|X=x) = x'\beta(\tau)$，可以通过式 $\beta(\tau) = \mathrm{argmin}\sum_{i=1}^{n}\rho_\tau[y_i - x'_i\beta(\tau)]$ 解得。求解 $\beta(\tau) = \mathrm{argmin}\sum_{i=1}^{n}\rho_\tau[y_i - x'_i\beta(\tau)]$ 的方法有单纯形法、平滑算法和内点法等。

3. 面板数据分位数回归

面板数据分位数回归是对面板数据模型采用分位数回归的方法进行参数估计，分位数回归则是普通最小二乘法的延伸。将分位数回归与面板数据模型相结合，既能够解决异方差问题，又能够全面分析因变量处于不同分位点时变量之间的相互关系。齐晓丽、金善女、梁慧超等（2010）和叶明确、方莹（2013）在研究文献中提出，面板数据分位数回归模型右端不再是关于因变量的自变量的数学期望值，两是关于自变量的因变量的条件分位数。其函数形式如下：

$$Q_{y_{ij}}(\tau|x_{ij}) = \alpha_i + x'_{ij}\beta(\tau), \quad j=1,\cdots,m_i, \quad i=1,\cdots,n. \quad (5-16)$$

其中，对各参数的估计则需求得下式的最小化问题：

$$\min_{(\alpha,\beta)}\sum_{k=1}^{q}\sum_{j=1}^{n}\sum_{i=1}^{m}w_k\rho_{\tau_k}[y_{ij} - \alpha_i - x'_{ij}\beta(\tau_k)]$$

式中，w_k 为与各分位数对应的权数。

4. 面板数据分位数回归结果

本书采用 Stata14.0 进行面板数据分位数回归，由于在固定效应模型中，模型的截距随着截面或时间序列的不同而不同，故在进行参数估计时需要在模型中增加虚拟变量。本书选取的分位点分别为 0.10、0.25、0.50、0.75、0.90，估计结果见表 5-8。

表 5-8 面板数据 OLS 和分位数回归结果

回归类型	OLS	0.10 分位数回归	0.25 分位数回归	0.50 分位数回归	0.75 分位数回归	0.90 分位数回归
ins	0.0536***	0.0809***	0.0735***	0.0601**	0.042*	0.0264
	(4.29)	(2.61)	(3.06)	(2.73)	(1.34)	(0.43)

续表

回归类型	OLS	0.10 分位数回归	0.25 分位数回归	0.50 分位数回归	0.75 分位数回归	0.90 分位数回归
stab	-0.023*	-0.0398**	-0.0362***	-0.0298**	-0.021	-0.0135
	(-1.92)	(-2.32)	(-2.73)	(-2.45)	(-0.95)	(-0.40)
ks	0.0588***	0.0313	0.0337	0.0382*	0.0442**	0.0494*
	(6.04)	(0.85)	(1.19)	(1.47)	(0.94)	(0.69)
md	0.063***	0.0875**	0.0847**	0.0796***	0.0726	0.0666
	(3.31)	(2.24)	(2.8)	(2.88)	(1.45)	(0.87)
se	0.052***	0.0452*	0.0488***	0.0553***	0.0641**	0.0717
	(4.05)	(1.86)	(2.59)	(3.21)	(2.05)	(1.51)
ft	0.0255	-0.0124	-0.0172	0.0258	0.0176	-0.0477
	(1.07)	(-0.26)	(-0.47)	(0.78)	(0.82)	(-0.52)
hc	0.00821	0.0081	-0.0241	-0.0714	0.344	0.757
	(0.04)	(0.23)	(-0.39)	(-0.33)	(0.99)	(1.32)
inf	0.0227*	0.0187	0.021	0.0226*	0.029	0.088
	(1.85)	(0.87)	(1.21)	(1.48)	(0.94)	(0.69)
_cons	-0.00179					
	(-0.05)					

注：***、**、*表示分别在1%、5%、10%统计水平下显著，括号内为t统计量。

制度环境在中国高技术产业集聚和发展的过程中始终扮演着重要角色，如政府干预力度的降低、税收优惠政策，人才引进政策的制定等都为高技术产业持续、快速发展中提供了良好的制度环境（陈博、尚晓贺、陶江，2016）。从表5-8的面板分位数回归结果来看，制度环境在0.75以下的分位点对高技术产业集聚水平提高的影响均显著为正，而且制度环境的回归系数随着分位点的升高而降低呈倒"U"形（见图5-2），说明制度环境对高技术产业集聚的影响显著且存在突变点。

制度环境稳定性在0.1、0.25和0.5分位点时对高技术产业集聚水平提高产生显著影响，但是影响是负的，其回归系数的绝对值是逐渐降低的。这说明制度稳定性的值越小，越有利于高技术产业集聚水平的提高，制度的不稳定对制度环境较低地区高技术产业集聚发展的影响更大。制度环境稳定性之所以重要，从客观上说,高技术产业集聚水平的提高一方面需要稳定的制度保障,另一方面高技术产业集聚水平的提高促进了地区对制度环境需求的提高,应采取措施进行改善。相对来说,制度环境较高的地区往往拥有更加完善的金融市场、资本市场和市场信息,且高技术企业的市场准入也更为宽松,应对制度波动的能力也相对较强,也可以说,良好的制度环境能够最大限度地减少制度改革或变迁所造成的损失(董利红、严太华、邹庆,2015)。

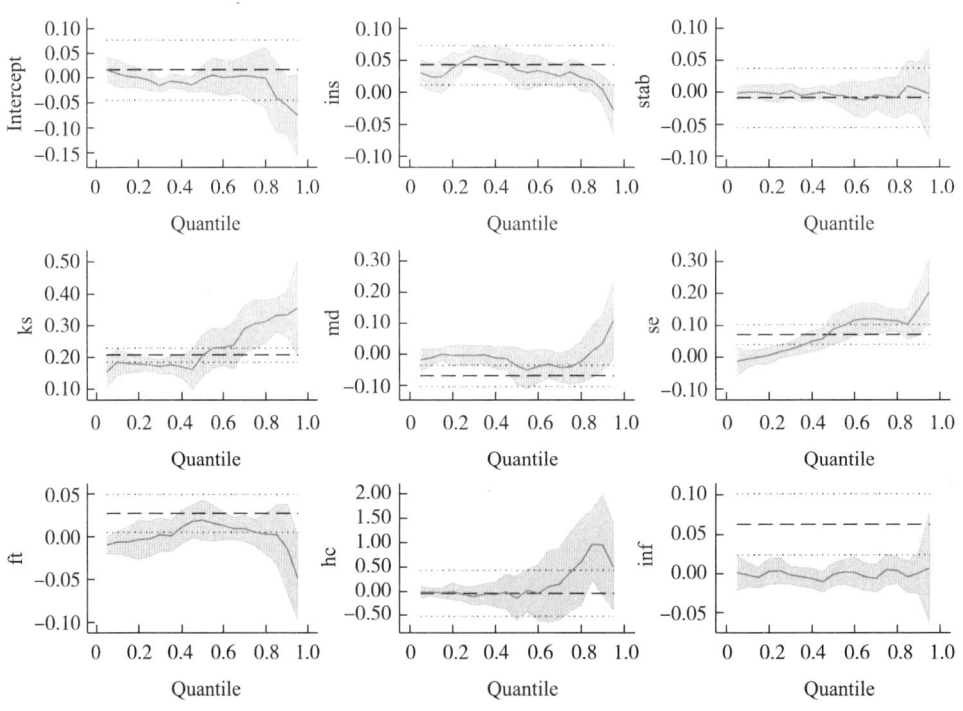

图 5-2 分位数回归系数趋势线

控制变量中,溢出效应(ks)在 0.5、0.75 和 0.9 等较高的分位点时对高技术产业集聚水平提高产生显著的正向影响。说明当高技术产业集聚水平较低时,由于其辐射范围较小,知识和技术的溢出效应没有产生显著影响。当高技术产业集聚水平的高低与溢出效应强弱相对应时,企业间通过系统化的结构演变,使资本、技术、劳动力和信息不断向区域内集中,使整个区域的高技术产业的竞争能力得到提升，形成集群竞争力。高技术产业集群既能够提高生产效率，又能够促进创新（戴魁早，2015）。市场需求（md）在0.1、0.25和0.5分位点上对高技术产业集聚水平提高具有显著的正向促进作用，而且回归系数随着分位点的提高呈现"U"形。说明本地市场需求对高技术产业集聚水平提高具有显著的促进作用。由于中国高技术产业的发展还欠充分，相对来说，市场需求对制度环境较低地区的高技术产业集聚水平提高的影响更为显著。

控制变量中，规模经济（se）在0.75以下的各分位点对高技术产业集聚水平提高均具有显著的正向影响，而且回归系数随着分位点的提高而提高。说明中国各地区高技术企业的规模经济能够显著促进全国高技术产业集聚水平的提高，这是由于地区高技术规模经济使生产性服务业及相关的配套设施逐步完善，产生显著的经济和社会效益，增强地区产业竞争优势，进一步推动高技术产业集聚发展。基础设施（inf）仅在0.5分位点对高技术产业集聚具有显著的促进作用，其影响为正。说明基础设施既能够为高技术企业提供便利的货运交通，又能够为高科技人才提供非正式交流空间以及便捷的生活服务设施。此外，当高技术产业集聚区发展成为产业集群后，高技术产业集群与城市政府、中介服务机构以及科研院所的联系会非常频繁，为全体高技术企业提供专业服务的科技平台会成为一项重要的基础设施，如进出口代理商、信息技术中心、质量检测中心、行业技术研发中心等。

另外，对外贸易（ft）和人力资本（hc）在各分位点对高技术产业集聚水平的提高都没有显著的影响。说明中国的对外贸易、人力资本还较为薄弱，阻碍了地区高技术产业集聚水平的提高，中国应该更进一步扩大开放、加大教育和科研投入，增强中国的高技术产业集聚力。与面板数据OLS回归相比，面板数据分位数回归提供的信息更加全面，回归结果更加稳健。

第五节 本章小结

制度是限制各种经济主体交易行为的规则体系，制度环境的完善能够提高要素资源配置效果（马忠新、陶一桃，2018）。也就是说，良好的制度能够给经济主体带来好的预期，引导生产要素向产出更高的生产部门流动。从制度环境对高技术产业发展的影响来看，制度环境具有二重性：首先，制度环境是促进产业集聚的机制，从优化制度环境到要素配置，再到企业集聚的结果的正反馈过程，制度环境起着激励经济主体和生产要素流动的作用。其次，制度环境也是机制运行的结果，它与产业集聚和生产绩效有着紧密相关（陈博、尚晓贺、陶江，2016）。总的来说，一个地区的制度环境越完善，高技术产业的发展越快。

由于高技术产业具有较强的溢出效应和空间依赖性，本书利用空间杜宾模型分析制度环境、制度环境稳定性与中国高技术产业集聚水平提高之间的关系，接下来运用面板数据分位数回归模型更为准确地分析了三者之间的关系。本书得出以下结论：

（1）中国高技术产业集聚存在显著的正的空间自相关性。也就是说，一个地区高技术产业集聚水平的提高对邻近地区高技术产业集聚水平提高有显著的促进作用。中国高技术产业集聚的态势比较显著，由于邻近省市高技术产业集聚的空间溢出效应，导致集聚水平较高的省市彼此邻近分布，集聚水平较低的省市邻近分布。2016年中国高技术产业的Moran's I散点图显示，中国高技术产业集聚现象的正向空间自相关性显著，即大多数省市与其邻近地区的高技术产业集聚水平相近，与全局Moran's I指数的分析一致。

（2）与面板数据固定效应模型相比，空间杜宾模型的拟合优度有所提高。从空间杜宾模型回归结果的直接效应看，制度环境、制度环境稳定性对本地区高技术产业集聚水平的提高具有显著的促进作用。这表明制度环境为高技术产业集聚提供了动力机制，稳定的制度环境为高技术产业集聚提供了制度保障。在控制变量中，溢出效应、市场需求和规模经济对高技术产业集聚具有显著的促进作用，对外贸易对高技术产业集聚具有显著的阻碍作用。从空间杜宾模型回归结果的间接效应看，制度环境对其他地区高技术产业集聚亦有显著的促进作用，制度环境稳定性对其他地区高技术产业集聚的影响不显著。在控制变量中，市场需求和对外贸易对其他地区高技术产业集聚产生显著的阻碍作用，溢出效应、人力资本和基础设施对其他地区高技术产业集聚的影响不显著。

从空间杜宾模型回归结果的总效应看，制度环境对中国所有地区的高技术产业集聚产生显著的促进作用，这表明制度环境的提高能够建立信任、提供有效产权，降低高技术企业的生产成本和产品的交易费用，进而加快高技术产业集聚。制度环境稳定性对高技术产业集聚的影响不显著，这表明中国的制度环境比较稳定，制度波动或变革没有对所有地区的高技术产业集聚产生显著影响。在控制变量中，规模经济对高技术产业集聚产生显著的促进作用，对外贸易、人力资本和基础设施对高技术产业集聚具有显著的阻碍作用。溢出效应和市场需求对高技术产业集聚的影响不显著。总的来看，从空间杜宾模型的回归结果可以看出，制度环境、制度环境稳定性对本地区和所有地区的高技术产业集聚水平提高有显著的促进作用。

（3）从面板数据分位数回归结果看，制度环境在0.75分位点以下对高技术产业集聚水平提高都具有显著的促进作用，制度环境的回归系数随分位点的升高呈倒"U"形，说明制度环境对高技术产业集聚的影响存在突变点。制度环境较完善的地区拥有较高的要素配置效率、完善的配套设施，制度环境将不再是影响高技术产业集聚水平提高的核心因素。制度环境稳定性仅在0.5以下的各分位点对高技术产业集聚水平提高产生显著的阻碍作用。这说明制度稳定性的值越小，越有利于对高技术产业集聚水平提高，制度的不稳定对制度环境低劣的地区高技术产业集聚发展的影响更大。制度环境较完善的地区往往拥有更加完善的金融市场、资本市场和市场信息，且高技术企业的市场准入也更为宽松，应对制度波动的能力也相对较强，也可以说，完善的制度环境能够最大限度地减少制度改革或变迁所造成的损失。

控制变量中，溢出效应在0.50、0.75和0.90等较高的分位点时对高技术产业集聚水平提高产生显著的正向影响。市场需求（md）在0.10、0.25和0.50分位点上对高技术产业集聚水平提高具有显著的正向促进作用，而且回归系数随着分位点的提高呈现"U"形。规模经济（se）在0.75以下的各分位点对高技术产业集聚水平提高均具有显著的正向影响，而且回归系数随着分位点的提高而提高。基础设施（inf）仅在0.50分位点对高技术产业集聚具有显著的促进作用。另外，对外贸易（ft）和人力资本（hc）在各分位点对高技术产业集聚的影响不显著。

第六章 制度环境与高技术产业发展：来自城市的证据

什么因素决定着中国高技术产业的地区空间分布变化？不同地区如何进行高技术产业发展政策的制定，才能吸引高技术产业集聚与迁移，优化地区间的分工专业化？对此，众多学者根据新经济地理理论和传统的经济地理理论，在制度环境完全相同的背景下，借用对制造业集聚水平影响因素的研究方法，对中国高技术产业集聚的研究集中在知识溢出、区位条件、规模经济等因素上。然而，一方面，鉴于高技术产业发展的自身特殊性，从传统的经济地理和新经济地理因素中寻找高技术产业集聚动力过于客观，在市场经济体制下为地方政府提供主观可操作手段吸引高技术产业的参考价值不大。另一方面，中国地域辽阔，地区间的资源环境、区位条件、经济发展水平及产业政策都存在较大差异，这决定了不同地区具有不同的产业优势和专业化水平。因此，本书在控制人均GDP、科技投入、人力资本、基础设施等经济地理和新经济地理因素的基础上，将制度环境引入高技术产业集聚因素的计量分析模型中，衡量制度环境对高技术产业集聚的影响程度。既能够为丰富高技术产业集聚理论提供实证研究，也能够为中国高技术产业快速增长、参与全球分工、优化调整地区产业结构以及向全球价值链高端迈进提供决策参考。

中国高技术产业集聚与区域经济发展水平息息相关，高技术产业集聚水平及其影响因素一直以来都是经济学者关注的热点之一。基于新制度经济学对高技术产业集聚的研究中较多侧重于政府行为、财政金融政策。政府是完善基础设施、营造区域创新环境的重要参与者，对高技术产业集聚具有重要作用（李建玲、孙铁山，2003）。政府作为技术创新网络的重要组成部分，对高技术产业投融资起着导向作用（张小荣，2003）。国家的不平衡发展战略和优惠政策是中国高技术产业在东部地区集聚水平高的重要原因（任启平、梁俊启，2007）。与金融政策相比，税收政策对高技术产业集聚的影响更为显著（樊元、李丽媛、同小歌等，2014）。以上研究文献分别研究了政府行为、政府干预以及财政税收政策等因素对高技术产业集聚的重要作用。目前，中国经济发展进入新时代，为加快经济转型，推动制造业向全球价值链高端迈进，创新驱动的国家发展战略顺利实施都离不开高技术产业的快速发展。但是，中国的市场机制还不完善，政府为加快高技术产业发展先后采取了政策倾斜，使各地区的制度环境存在一定差异。依据新制度经济学理论，良好的制度环境能够降低资源在区域上配置的内生交易费用，引导人才、技术、资金在地区间合理流动，提高生产要素的生产率。因此，本章选取2001~2015年全国112个城市为样本，在控制经济地理和新经济地理因素的基础上，估计制度环境对高技术产业集聚水平的影响程度。在市场机制配置资源的作用下，为政府制定财政、金融、税收等政策及采取合理的政府行为提供参考，进而引导高技术产业有序集聚，完善并深入地区间的分工专业化，缩小地区间经济发展差距。

第一节 研究假说

根据新制度经济学理论，良好的制度具有激励高技术产业集聚的机制，通过降低企业间的交易费用使产业分工不断细化、完善。城市间促进产业集聚的制度环境能够降低交易费用，高技术产业集聚区在制度环境不断完善的过程中得以快速发展。同时高技术产业在国际上的分工与国内高技术产业发展的制度环境的优劣基本一致。

良好的制度环境能够促进高技术产业的要素集聚，并不断完善高技术产业体系进而提高其集聚水平。不仅国际上产业分工的日益深入得益于制度环境的提升，城市间的产业竞争行为也可以从制度环境的视角进行研究。制度环境较高的地区往往具有完备的公共服务或基础设施,如教育、交通和医疗等,更高的市场开放度、优美的环境以及较高的社会保障能力,这些不仅是决定城市高技术产业稳定发展的核心因素,更是技术创新赖以成长的最优"土壤"(陈毛林、黄永春,2016)。优越的制度环境能够使技术创新"自然"生长,由于技术创新的择优选择,较高水平的创新会更快地适应市场进而发展壮大(董利红、严太华、邹庆,2015)。技术创新水平较高的高技术产业对制度环境非常"挑剔":高度开放的市场、完善的社会保障和中介服务、完备的产权保护制度体系等。如果一个城市的市场化程度越高,通过市场配置资源的机制就越完善、政府干预少、市场进入和退出容易,全要素生产率更高。在考虑制度环境地区异质的前提下,政府对市场的干预、非国有经济的发展、市场发育程度以及中介组织和法律制度环境等制度都会影响当地高技术产业发展的比较优势。为探讨制度环境门槛效应的影响,首先应确定是否存在制度环境的影响,提出以下研究假说:

假说1:制度环境的优劣与一个城市的高技术产业集聚存在显著性较高的相关度。

制度环境的完善是高技术产业集聚区发展的充分而不必要条件,制度的发展相对滞后,而高技术产业集聚水平的提高并不完全依赖于制度发展,完全可以通过其他途径实现,如产业政策的调整、吸引外资、对外贸易政策倾斜等。但高技术产业集聚区的持续、稳定发展必然需要制度环境的日益完善,进而提高资金、技术、人才等要素集聚,最终提升高技术产业对经济发展的推动作用。在假说1的基础上,可以进一步研究在高技术产业集聚区发展的过程中,制度环境对其集聚水平的提高是否存在门槛特征,提出以下研究假说:

假说2:制度环境的提高对高技术产业集聚水平提高的影响呈非线性特征。

制度环境提升的过程中存在门槛阈值,使制度环境在门槛阈值左右的影响呈非线性的特征。从逻辑上看,存在以下几方面的原因:①制度环境对高技术产业集聚度的影响在门槛阈值前后出现了突变。制度环境在完善的过程中通过累积产生外溢效应,使其对高技术产业集聚水平的影响作用增强,其助推作用在跨过门槛阈值后出现飞跃。一个地区高技术产业集聚发展并不是匀速进行的,完全可能存在一个跃升的变迁过程。②可能在某一阶段,制度环境的完善对高技术产业集聚水平提高的影响不显著,甚至是负相关。由于制度的发展涉及复杂博弈,制度改进存在成本且其效果具有滞后性使制度环境的提高在短期内收效甚微。此外，由于信息的不完全性，制度环境改进过程中处于"不确定性"阶段时，其优势不突出。③制度环境达到较高的制度门槛阈值后，制度环境对推动高技术产业集聚水平的提高作用不显著。由于随着制度环境的日益完善，其边际贡献率逐渐降低。

第二节 模型设定及变量说明

一、门槛模型估计的原理

Hansen（1999）的面板门槛模型思路是将门槛变量纳入计量模型，构建所考察的解释变量在门槛区间的分段函数，进而对门槛值及"门槛效应"做相应的估计和检验①。根据这一思路，假设存在"单门槛效应"，在此基础上可以构建单门槛模型，并扩展到多门槛模型。

$$Y = \alpha + \theta X_1 + \lambda X_2 + e \tag{6-1}$$

式（6-1）中，Y 为被解释变量，X_1 为解释变量，X_2 为门槛变量。

根据 Hansen（1999）的门槛回归技术来估计面板数据门槛值，主要包括三个步骤：首先，对计量模型进行参数估计，估计出解释变量的系数及门槛值 γ；其次，检验门槛效应的显著程度；最后，构建门槛值 γ 的置信区间。如果确定存在一个门槛值，应继续检验是否存在第二个及第三个门槛值，方法与之类似，在第一个门槛值的基础上不断循环往复，直到第 n+1 个门槛值检验不显著时，确定此模型存在 n 个门槛值。

二、门槛模型的设定

根据以上理论分析，由于各城市的制度环境处于不同的发展阶段，一个城市

---

① 李宏，陈圳. 制度约束与全球价值链地位提升：制度红利的门槛效应 [J]. 现代财经（天津财经大学学报），2018（2）：41-53.

的制度环境与高技术产业集聚水平之间呈显著的非线性关系表现为区间效应。根据研究需要,选用面板门槛模型以及合理的制度环境和样本城市进行研究。

由于人为划分制度发展阶段的主观性较强,本书采用 Hansen(1999)的面板门槛模型,根据数据特征来内生地划分区间,继而研究不同区间制度与高技术产业集聚的相互关系。本书在设定单一门槛面板模型的基础上,进而扩展到多门槛面板模型。单一门槛模型的设定如下:

$$y = \alpha_1 + \lambda_1 Ins_{it} + \theta_1 X_{it} + \beta_1 Ins_{it} H(W_{it} \leq \gamma) + \beta_2 Ins_{it} H(W_{it} > \gamma) + \mu_i + \varepsilon_{it}$$
(6-2)

式中,i 为样本城市,t 为年份,y 为被解释变量代表高技术产业集聚水平,Ins_{it} 为制度环境作为主要解释变量,W_{it} 为门槛变量,γ 为门槛值,H 为示性函数,符合相应的条件时取值 1,否则取值 0。X_{it} 代表对高技术产业集聚水平影响显著的一组干扰变量,包括人均 GDP、基础设施水平、人力资本、科技投入、环境保护等。μ_i 为个体差异,ε_{it} 为随机干扰项。单一门槛模型认为仅存在一个门槛,但是,计量分析结果可能存在两个或多个门槛。如果存在两个门槛,可以将门槛变量分为三个不同区间进行检验,其模型构建不再列出。

三、门槛模型的假设检验

估计出门槛值 γ 以后,还需要对门槛值进行一致性检验:

1. 门槛效应的显著性检验

检验模型(6-2)中的 β_1 和 β_2 是否存在显著性差异,H_0:$\beta_1 = \beta_2$ 为原假设,H_1:$\beta_1 \neq \beta_2$ 为备选假设,这样,就得到了 F 统计量的似然比检验(LR Test)统计量:

$$F = \frac{S_0 - S_1(\hat{\gamma})}{\sigma^2} = \frac{S_0 - S_1(\hat{\gamma})}{S_1(\hat{\gamma})/n(T-1)}$$
(6-3)

式中,S_0 为在原假设 H_0 下得到的残差平方和。F_1 统计量的分布是非标准的,Hansen 建议采用 Bootstrap(自抽样法)来获得其渐进分布,基于此结构的 P 值也是渐进有效的。

2. 门槛值 γ 的一致性检验

原假设为:H_0:$\hat{\gamma} = \gamma_0$,备选假设为:H_1:$\hat{\gamma} \neq \gamma_0$。由式(6-3)可得似然

比检验统计量：

$$LR_1(\gamma) = \frac{S_1(\gamma) - S_1(\hat{\gamma})}{\sigma^2(\hat{\gamma})} \tag{6-4}$$

式中，若存在 $LR_1(\gamma) > c(\alpha)$，则拒绝原假设，$c(\alpha) = -2\ln(1 - \sqrt{1-\alpha})$，α 代表显著性水平，可以画出似然比检验图，观察门槛值的置信区间及拒绝域。

四、变量说明

（1）区位熵（y）。在众多的衡量高技术产业集聚度的指标中，区位熵可用于测算城市间高技术产业集聚水平的专业化程度。其计算公式如下：

$$y = \frac{\theta_i / \sum \theta_i}{E_i / \sum E_i} \tag{6-5}$$

式中，θ_i 为城市某行业 i 的产值（或就业人数）；$\sum \theta_i$ 为该城市的总产值（或就业总人数）；E_i 为全国某行业 i 总产值（或就业人数）；$\sum E_i$ 为全国的总产值（或总就业人数）。

（2）门槛变量——制度环境。制度环境指标体系的构建与第五章相同，在这里不再重复介绍。

（3）控制变量的选取。①人均 GDP，人均 GDP 是代表经济发展水平的核心指标。众所周知，高技术产业属于知识技术密集型产业，高技术产业的发展需要投入大量的资金和高技术人才进行基础研究和应用研究。同时，其生产设备、基础设施建设也需要投入大量资金，而且，从高风险角度来说，持续的资金供给来应对技术、财务和市场等风险也是非常必要的。归根结底，这些资金投入要以一个城市的经济增长为保障。显然，经济发达的城市能够为高技术产业发展的要素投入提供充足的资金保障，对其集聚发展起着基础性的推动作用。②人力资本（hc）。用每万人大学生人数表示，反映一个城市高科技人员的集聚水平。人力资本具有创新性、增值性和高效性，能够有效配置资源、提高高技术产业发展活力，增强企业应变市场需求的能力。提高人力资本投入，能投增强企业创新效率。③科技投入（sci）。用政府科技支出占政府公共支出的比值表示，反映一个城市对技术创新支持力度的高低。科技投入与高技术产业的发展紧密相关，高技术产业往往需求较多的科研经费推动科技转化为生产力,促进高技术产业集聚发展。科技投入对高技术产业集聚发展可能具有滞后性,科技投入的作用是一个动态累积的过程,二者具有双向因果关系。④环境保护(ep)。常用工业废物利用率、污水处理厂集中处理率和生活垃圾处理率的均值表示。由于高技术生产对温度、湿度和洁净等环境条件要求严格,而且优美舒适的环境还需要高技术人才入驻,提高高技术产业的生产效率。各地要突出环境保护的重要性,努力做到清洁生产。⑤基础设施(inf)。基础设施是完善高技术产业投资环境、招商引资和社会健康发展的基础产业。便利的基础设施能加快高技术产品和生产要素的流通,扩大市场交易的范围和效率。通常来说,高技术产业更易于向基础设施完善的区域集聚。本章选用公路、铁路、高速公路和高速铁路人均里程表示。

五、样本选择及数据来源

本章选择的样本城市为部分获批国家级高新技术产业园区的城市,其中包括省会城市、直辖市、计划单列市以及一部分地级市等112个城市,基本上涵盖了中国高技术产业发展较快的所有城市,对本书主题具有代表性和研究价值。被解释变量数据来自2001~2015年《工业企业数据库》(见表6-1)。控制变量和门槛变量计算过程中所用到的数据来自2002~2016年《中国城市统计年鉴》以及2002~2016年的各市统计年鉴。

表6-1 主要变量描述统计(2001~2015年)

变量名称	最小值	平均值	最大值	标准差	样本数目	含义
y	0.000106	0.589382	4.7172	0.738813	112	高技术产业集聚水平
ins	2.73	8.2234	13.97	2.2213	112	制度环境
Lnpgdp	7.847413	9.976333	12.66004	0.836875	112	人均GDP取对数
Huc	5.32	220.2387	1270.5	248.758	112	每万人大学生人数
Lnsci	3.9292	7.7898	12.6083	1.3503	112	科技投入取对数
inf	0.38	11.3064	95.02	7.4991	112	人均公路、铁路、高速公路里程
Ep	0.333	0.732	0.996	0.163	112	全市废弃物废水处理率

第三节 计量分析与结果说明

首先，采用静态面板数据模型来验证制度环境对高技术产业发展的影响；其次，用面板门槛模型进行估计；最后，考察计量结果的稳健性。

一、制度环境与高技术产业集聚度的提高

运用Stata14.0对以上各变量的赤池信息准则计算，其膨胀因子的平均值为2.13，最大值为2.87，远低于10的指标值，我们可以排除变量间存在多重共线性的可能。根据面板Hausman检验的结果，确定应该使用固定效应模型。此外，为了避免异方差对面板数据的干扰，对分析结果进行了稳健性标准误差估计。

从表6-2的实证分析结果来看，制度环境对城市高技术产业集聚水平的影响显著为正。具体来看，在对控制变量人均GDP、人力资本、环境保护、基础设施和科技投入等逐一添加实施控制的过程中，制度环境对高技术产业集聚的影响表现为稳健的正相关关系，且保持较高的显著性水平。表中的最后一列列出了考虑异方差的估计，结果显示制度环境的作用依然是稳健的。可以得出以下结论，制度环境的改进可以改善营商环境、提高政府工作效率、降低不确定性、吸引高技术人才集聚、提高高技术产业资源配置效率，通过高技术产业的持续集聚形成地区经济发展的比较优势，也就是高技术产业集聚水平的提高，进而验证了假说1。

二、基于门槛模型的估计

在假说1得到验证以后，进一步构建面板数据门槛模型来检验假说2。首先，利用Stata14.0估计门槛阈值并进行显著性检验；其次，为考察阈值前后的非线性关系，使用门槛阈值进行分组回归，并分区间研究制度环境对高技术产业发展的影响；最后，深入分析中国城市制度环境与门槛阈值的相对关系。

表6-2 制度环境与高技术产业集聚度的提高

变量	fe_r1	fe_r2	fe_r3	fe_r4	fe_r5	fe_r6	fe_r7	fe_ro
ins	0.0394***	0.0271***	0.0261***	0.0629***	0.0796***	0.0807***	0.0745***	0.0745***
	(3.13)	(4.17)	(3.65)	(5.37)	(6.81)	(7.01)	(5.76)	(5.42)
Lnpgdp	—	0.0242**	0.0215***	0.0176***	0.0154**	0.0143***	0.0126***	0.0126***
		(2.13)	(1.48)	(1.78)	(1.56)	(2.39)	(2.67)	(2.44)
huc	—	—	0.0043**	0.0027***	0.0021***	0.0015***	0.0014**	0.0014***
			(2.31)	(1.95)	(3.78)	(2.84)	(2.86)	(2.72)
ep	—	—	—	0.0159**	0.01423***	0.0137*	-0.0121*	-0.0121*
				(2.97)	(2.41)	(1.92)	(-1.87)	(-1.61)
inf	—	—	—	—	-0.0025**	-0.0023*	-0.0022**	-0.0022*
					(-3.47)	(-2.97)	(-2.59)	(-2.36)
Lnsci	—	—	—	—	—	—	0.0029***	0.0029***
							(5.97)	(4.89)
_cons	0.307***	0.125**	0.0356**	-1.4992**	-0.3317**	-0.1015**	-0.286*	-0.312**
	(3.75)	(2.68)	(1.52)	(-5.67)	(-1.78)	(-1.35)	(-0.67)	(-0.73)
N	1680	1680	1680	1680	1680	1680	1680	1680
Ad R²	0.323	0.456	0.512	0.563	0.5924	0.614	0.643	0.639
F	3.18	3.97	4.71	12.53	19.91	35.84	54.13	64.16

注：***、**、*表示分别在1%、5%、10%统计水平下显著，括号内为t统计量。

1. 门槛阈值的估计

为确定制度环境对高技术产业集聚度影响的门槛阈值，需要先检验是否存在门槛阈值；如果存在，需要根据门槛阈值的数量确定门槛模型的形式。以下将依次按照不存在门槛、存在单一、双重或三重门槛的假定，分别对式（6-2）进行估计。为消除个体效应的影响，本书首先将对式（6-2）进行组内去心处理，接下来采用面板数据固定效应模型估计各参数的估计值和残差平方和，最后用格栅搜索方法筛选最小残差平方和对应的门槛值。这样得到门槛值的F统计量和P值（采用Bootstrap法得出），并对得到的门槛阈值进行显著性检验，对其进行显著性检验的目的是为了考察以门槛值划分样本的估计参数，是否存在显著区别，零假设为不存在门槛阈值。

从表6-3可以看出，单一门槛效果在5%水平上显著，双重门槛在1%水平上显著,双重门槛阈值分别为 8.385 和 11.890。显然,使用双重门槛模型可以较好地描述门槛变量和被解释变量的结构变化,并且适当降低了自由度的损失。

表 6-3 门槛效应的显著性检验

	F 统计量	P 值	Crit1	Crit5	Crit10	门槛估计值	95% 置信区间
单一门槛	56.94	0.0233	67.537	45.065	36.770	8.385	[8.283, 8.487]
双重门槛	43.95	0.0067	40.508	32.805	30.007	8.385	[8.283, 8.487]
						11.890	[11.677, 12.103]

注:门槛估计值和 P 值均是采用 Bootstrap 反复抽样 500 次得到。

2. 对门槛值的检验

利用 Stata14.0 绘制似然比函数(LR)图以便清楚地呈现门槛值和置信区间的构造过程,门槛阈值(Ins)的估计值是 LR 等于零时的取值,在本书的双重门槛模型中分别是 8.29(见图 6-1)和 11.89(见图 6-2)。为了保证门槛模型回归的合理性,在验证门槛值存在显著性检验的基础上,接下来对门槛值的真实性进行检验,也就是考察门槛值与其他可能的临界值是否存在显著差异。图 6-1 和图 6-2 的似然比函数图清晰地呈现出门槛估计值及其置信区间。

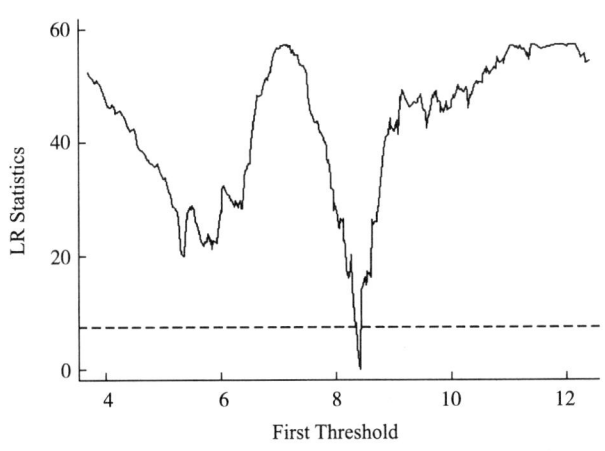

图 6-1 第一个门槛值和置信区间

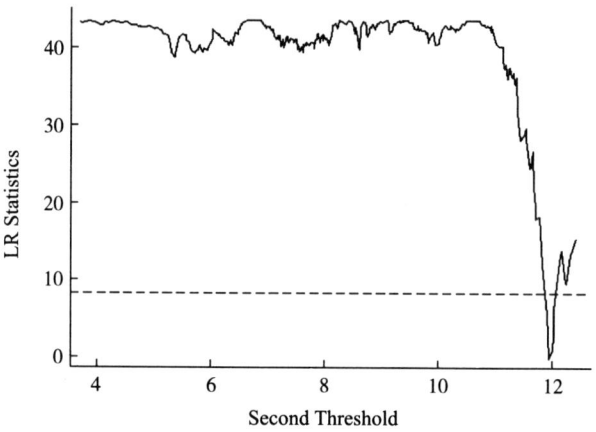

图6-2　第二个门槛值和置信区间

Hansen（1999）提出并首次运用 Bootstrap 构建渐进分布和似然比统计量 LR，在学术界得到了认可和广泛运用。如果在 95% 的置信水平下对应的置信区间大，说明门槛估计值存在偏差；置信区间小，则说明门槛估计值是有效的。从图 6-1 和图 6-2 来看，似然比函数图的横坐标为门槛参数，纵坐标为似然比统计量 LR，图中虚线以下部分为 95% 置信区间，门槛值为 LR 无限趋近于 0 的点。结合显著性检验结果，模型中两个门槛值的 95% 的置信区间，即 LR 值小于 5% 显著性水平下的临界值 7.35（对应图中的虚线）构成的区间足够小，说明门槛值是准确的。

3. 不同制度环境区间样本的描述性统计

根据这两个门槛值，可以将制度环境划分为三个区间，制度环境较低（$0 \leqslant ins < 8.385$）、制度环境中等（$8.385 \leqslant ins < 11.89$）和制度环境较高（$ins \geqslant 11.89$）。根据制度环境划分的区间列出各区间内样本数合计见表 6-4，制度环境较低的样本百分比为 45.5%，制度环境中等的样本百分比为 43.8%，制度环境较高的样本百分比为 10.7%。将东北地区、东部地区、中部地区和西部地区进行对比来看，东北地区、中部地区和西部地区的制度环境较低的样本比例较高；东部地区制度环境中等的样本所占比例最高，为 50%；制度环境较高的样本主要集中在东部地区。从总体上看，制度环境较低和中等的样本百分比分别为

45.5%和43.8%,制度环境较高的样本百分比仅为10.7%,说明为加快高技术产业集聚,推动产业结构升级,中国城市制度环境需要逐步改善。

表6-4 不同制度环境区间按四大经济区排序的样本数合计

地区	制度环境较低 0≤ins<8.385		制度环境中等 8.385≤ins<11.89		制度环境较高 ins≥11.89		总计
东北地区	89	53.61%	65	39.16%	12	7.23%	166
东部地区	248	34.93%	355	50%	107	15.07%	710
中部地区	218	49.77%	181	41.32%	39	8.90%	438
西部地区	209	57.10%	135	36.89%	22	6.01%	366
总计	764		736		180		1680
百分比	45.5%		43.8%		10.7%		100%

三、基于门槛值的分组估计结果与分析

得到门槛阈值后,本书利用双重门槛模型将制度环境分为低(小于等于8.385)、中(8.385~11.89)、高(大于等于11.89)三个区间分别进行回归估计(见表6-5)。从六个控制变量的估计结果来看,人均GDP、科技投入和人力资本与高技术产业集聚度呈显著正相关,人均道路面积、邮政电信收入与高技术产业集聚度呈显著负相关,市场潜力与高技术产业集聚呈负相关但不显著。

表6-5 基于门槛值的分区间估计

变量	Fe			Fe_Robust		
	Low	Middle	High	Low	Middle	High
ins	0.04280*** (2.34)	0.07316*** (2.79)	0.03581** (1.75)	0.04280*** (2.06)	0.07316*** (2.51)	0.03581** (1.61)
lnpgdp	0.01879*** (2.05)	0.03833** (2.73)	0.00695** (0.58)	0.01879*** (1.84)	0.03833** (2.57)	0.00695** (0.43)
Huc	0.00071* (2.76)	0.00396*** (3.37)	0.00112** (1.09)	0.00071** (2.42)	0.00396*** (3.16)	0.00112** (0.87)

续表

变量	Fe			Fe_Robust		
	Low	Middle	High	Low	Middle	High
Sci	0.007615* (1.96)	0.00982* (5.74)	0.006314 (3.26)	0.007618* (1.75)	0.00982** (5.48)	0.006314* (2.78)
Ep	0.00893* (2.15)	0.04137* (3.06)	0.01215 (1.93)	0.00872* (1.89)	0.04137* (2.79)	0.01215* (1.31)
Inf	0.00225 (1.93)	0.00279** (2.09)	0.00143* (4.37)	0.00237** (1.78)	0.00279** (1.98)	0.00143* (4.14)
_cons	-2.59108** (-5.23)	-2.15287** (-4.19)	-4.47088* (-1.74)	-2.59108*** (-4.86)	-2.15287** (-3.76)	-4.47088** (-1.49)
N	764	736	180	764	736	180
Ad R^2	0.603	0.617	0.635	0.603	0.617	0.636
F	16.2	22.86	16.03	17.4	22.71	18.95

注：Fe_Robust 是考虑异方差稳健性的估计结果，括号内为 t 统计量。

本书构建双重门槛模型的核心是在搜索出制度环境强度门槛的基础上考察不同制度环境区间内制度环境对高技术产业集聚度的影响，表 6-5 中 Low、Middle 和 High 分别表示在较低、中等、较高三个制度环境区间的估计结果。在制度环境较低的区间，制度环境对高技术产业集聚度的影响在 1% 的置信水平上呈显著正相关关系，说明较低的制度环境对高技术产业集聚能起到明显的促进作用。在制度环境中等区间，制度环境与高技术产业集聚度的影响依然在 1% 的置信水平下呈显著的正相关关系，但系数（0.07316）高于较低区间的系数（0.04280），说明制度环境跨过第一个门槛值后，制度的促进作用明显提高。然而在跨过第二个门槛值后，制度环境对高技术产业集聚度的影响在 1% 的显著性水平下降低到 0.03581，也就是说当制度处于较高水平时，对高技术产业集聚度的提升作用降低了。从双重门槛模型的分组回归结果来看，两个门槛值将制度环境与高技术产业集聚度分隔成了三段互不相同的关系，呈现出了制度环境与高技术产业集聚之间的非线性关系，验证了研究假说 2。

比较在不同制度环境区间解释变量及控制变量的系数变化，从表 6-5 来看，制度环境的系数从制度环境较低区间、制度环境中等到制度环境较高区间是先升高后降低，人均GDP、人力资本和基础设施变量系数的变化与其一致。科技投入和环境保护变量的系数在制度环境较低和中等区间对高技术产业集聚的促进作用显著，然而在制度环境较高区间的影响不显著。

从表6-4也可以看出，在制度环境较低的区间，样本占比例最高的是西部地区，其次是东北地区和中部地区。由于中国高技术产业同经济发展水平一致，都是从东部沿海地区向中部地区、东北地区向西部地区递减的，因此制度环境较低的地区经济落后，市场经济不发达，高技术产业起步晚，制度环境的提高对高技术企业入驻的推动力比较显著，可见，这些地区的大多数城市的高技术产业发展的潜力很大。相对来说，高技术产业在东部地区起步较早，而且东部地区经济发达，人力资本丰富，市场化水平高，高技术产业的发展比较稳定，在推进技术创新、调整产业机构、推动经济增长等方面的贡献突出。东部地区制度环境中等的样本比例为50%，全国处于制度环境较高的样本百分比为60%，说明东部地区的高技术产业具备较强的竞争力，是中国高技术产业的主体，制度环境逐步完善对高技术产业集聚度提高依然有较强的推动力。

总而言之，从实证结果来看，在高技术产业发展的初期和中期阶段，制度环境对高技术产业集聚度提高具有显著的正向效应，能够加快高技术产业集聚，随着城市制度环境的完善，制度环境对高技术产业集聚度提高的影响逐渐减弱。需要说明的是，此研究结论并不能涵盖所有情况，假如某一产业制度环境较高的城市起步比制度环境较低的地区晚，制度环境对其促进作用将更强。

第四节 本章小结

尽管现有文献在对中国高技术产业集聚水平影响因素进行实证研究的过程中，验证了政府行为、财政政策、金融政策、对外开放度等制度因素对高技术产业集聚的作用机制。然而，一方面，他们的研究仍侧重于考察经济地理和新经济地理因素对高技术产业集聚的影响，仅将政府、财政政策、金融政策等制度因素作为次要的分析因素；另一方面，在他们对制度因素的分析中，认为政府主要通过营造发展环境、完善服务、政策制定等方面发挥对高技术产业的导向作用。另外，他们在分析财税政策、政府行为时，也主要从政府提供服务、投融资及优化创新环境等方面考察。城市制度环境对于转型期地区经济发展至关重要，较高的制度环境有助于降低资源空间配置的内生交易费用，引导高技术要素合理跨区域流动，提高资源配置的效率。

制度是由政治、法律法规、政策等正式制度和传统文化、价值观、习俗等非正式制度相互耦合构成的系统（霍丽、惠宁，2007）。因此，反映地方市场化进程的制度环境既包括地方非国民经济的发展、市场化程度、对外开放水平，还包括知识产权保护、城市化水平和企业融资的便利程度等法律，以及设计企业生产与经营的制度环境（王小鲁、樊纲、余静文，2017）。因此，本章选取2001~2015年全国112个城市为研究样本，在控制经济地理与新经济地理因素的基础上，引入非国民经济的发展、对外开放程度、城市化水平和知识产权保护等反映地区市场化进程和经济开放的制度要素，并利用面板数据双重门槛模型估计门槛阈值，进一步根据门槛阈值将样本分为制度环境较低、制度环境中等和制度环境较高三个区间分组回归。回归结果表明：

（1）在将控制变量逐一添加实施控制的过程中发现，制度环境对高技术产业集聚度的影响一直在较高的显著性水平下保持着正相关关系。说明随着制度环境的提高，能够降低高技术企业生产与经营的内生交易费用，提高高技术产业的集聚水平。一个城市的制度环境越高，政府的工作效率就越高、对外开放程度也越高、公共服务也比较便利、生产要素的流动性也较强，越能够吸引高技术企业向该城市迁移与集聚。此外，由于财税政策优惠能为高技术企业提供便利的融资渠道，能够降低企业在该城市从事生产与经营活动的交易费用，也能提高高技术产业在该城市的集聚水平（樊元、李丽媛、同小歌等，2014）。所以说，制度环境的改进可以改善营商环境、提高政府工作效率、降低不确定性、吸引高技术人才集聚、提高高技术产业发展的资源配置效率，通过高技术产业的持续集聚形成地区经济发展的比较优势，也就是高技术产业集聚水平的持续提高。

（2）利用面板数据门槛模型估计出门槛值，并对其显著性进行检验，结果表明，双重门槛在1%的水平下显著，单一门槛在5%的水平下显著，三重门槛不显著。选用双重门槛模型的估计结果将样本分三个区间分别进行回归，两个门槛值将制度环境与高技术产业集聚度分隔成了三段互不相同的关系，说明制度环境对高技术产业集聚度提高呈非线性关系。具体地说，跨过第一个门槛值后，制度环境对高技术产业集聚水平的促进作用明显提高。然而在跨过第二个门槛值后，制度环境对高技术产业集聚度的影响则有了一定程度的下降。也就是说，当制度处于较高水平时，对高技术产业集聚度的提升作用反而降低了。

（3）通过对门槛模型回归结果的统计，在四大经济区中，制度环境较高区间的样本主要位于东部地区，制度环境中等区间的比例也是东部地区最高达到50%。东北地区、中部地区和西部地区则以制度环境较低区间为主体，极少数年份达到制度环境较高区间。形成这样的格局主要是由于东部地区区位优越、经济发达、人力资源丰富，政府注重完善制度环境，提高市场化水平。相对来说，中西部和东北地区主要还存在以下问题：一是市场化水平有待提高，如小微和民营企业贷款融资困难、企业税费负担较重、人才外流严重。二是产权保护力度有待加强。三是制度性交易费用较高，如行政性审批透明度不高，部门间衔接不畅，信息共享机制不健全。四是公平竞争的市场环境培育不足，如行业准入存在诸多限制，多头监管、重复检查现象突出。从整体上看，随着制度环境的日益完善，中国大部分城市的高技术产业将继续保持快速增长，成为推动城市经济增长的支柱产业。此外，本章的研究结论也支持了地理、经济地理及新经济地理理论，靠近国际和国内两大市场的东部地区，高技术产业的集聚水平比较高，制度环境也比较完善（郭苏文、黄汉民，2012）。

与其他产业相比，高技术产业对自然资源的依赖程度最低，具有较强的知识和技术溢出效应，能够不受自然资源的约束实现跨区域的转移与集聚，在一定程度上能够缩小地区差距，促进城市间协调发展（唐根年、徐维祥，2004）。同时，随着中国市场经济的发展，市场机制在高技术企业要素配置中发挥主导作用，高技术产业集聚发展是市场机制作用的结果。在中国四大经济区中，东部地区依靠优越的地理位置和市场优势，高技术产业在该区最先发展起来，并在循环累积正反馈机制的作用下，产业集聚水平不断提高。处于制度环境中等和制度环境中等的样本比例均在四大经济区中居首位，高技术产业发展的溢出效应，能够加快技术创新，提升传统产业，推动产业结构优化升级，提高地区高技术产业竞争力。此外，城市可以通过调整、改进与创新制度和政策，引导高技术产业在外生比较优势突出的城市集聚，使"外生"和"内生"双重比较优势得以发挥，优化城市按比较优势进行专业化分工，提高经济发展水平（李强、左静娴，2017）。

第七章 研究结论及政策建议

随着经济全球化和信息化进程的加快,中国市场化水平和对外开放水平不断提升,高技术产业也逐步融入世界分工与协作体系,资本、技术、人才在区域流动中进行重组,高技术产业集聚成为工业化进程中的必然现象(张月花、曹娣、薛伟贤,2009)。与高技术产业集聚机制相关的实证与理论研究成为产业经济学和区域经济学研究的热点。然而,现有的研究文献多集中在新经济地理和经济地理因素对高技术产业集聚影响的理论和经验研究,研究制度理论或制度环境对高技术产业集聚的影响机制则相对较少。产业集聚本身是一种降低交易成本的制度,对制度环境提升起着关键作用,因此,从制度环境视角探讨其对高技术产业集聚的作用机理,既能够完善高技术产业集聚理论,还能够为决策机构制定高技术产业发展政策提供参考。

本书遵循文献梳理、理论剖析、实证研究到结论建议的研究主线,将新制度经济学、经济地理与新经济地理理论相结合,深入研究制度环境对高技术产业集聚的作用机理,为高技术产业集聚理论的发展提供学理基础。当然,本书也存在一定的局限性,以期在未来的研究中进行完善。

第一节 研究结论

本书从新制度经济学理论、产业集聚理论以及中心—外围模型出发,研究制度环境与高技术产业集聚的关系，主要研究结论如下：

（1）高技术产业集聚是介于市场组织和科层组织之间的组织形式，由于交易费用的降低，在一定区域内高技术企业、服务机构及中介组织集聚布局而形成的经济形态。产业区内的企业通过产业关联进行分工和协作，在一定程度上克服了垄断、官僚主义造成的规模不经济，又能够解决不确定性或交易量低等所造成的市场交易费用上升，已成为当前增强产业竞争优势、克服市场失灵、内部组织失灵的一剂良方。同时，在同一制度环境水平下，具有产业关联的企业集中分布，加快了黏性知识的传播，使信息的传递速度更快，进而降低了交易费用。与新经济地理学理论相比，新制度经济理论强调社会关系的重要性，认为社会关系既能够降低管理费用，还能够提高企业的创新活力（李恒，2005）。这种社会关系是促使高技术产业集聚的原动力，也是提高高技术产业竞争力的根本。

（2）在把交易费用分为内生交易费用和外生交易费用的基础上，将内生交易费用引入中心—外围模型，分析区域制度环境通过内生交易费用对高技术产业集聚的作用机制。研究表明，制度环境是决定高技术企业进行生产经营活动的内生交易费用的重要因素，如果制度环境降低了企业的内生交易费用，就会引致生产要素向该地区流动，增强企业的迁移动力，使企业跨区域迁移。相反，由于生产资源空间配置效率的降低，除非运输费用足够低或市场需求大到能够抵销企业集聚所增加的内生交易费用，否则即使迁移目的地拥有资源禀赋、规模经济及外部性，企业也不会跨区域集聚（白积洋，2012）。

（3）以中国30个省（市、自治区，西藏除外）为研究对象，在控制溢出效应、市场需求、规模经济、对外贸易等传统经济地理和新经济地理因素的基础上，研究了2001~2016年制度环境、制度环境稳定性对高技术产业集聚的影响。结果表明：中国高技术产业集聚具有正的空间自相关性，即集聚水平相近的省市邻近分布。从空间杜宾模型的回归结果看，无论是直接效应、间接效应，还是总效应，制度环境对高技术产业集聚均具有显著的促进作用。制度环境稳定性仅对本地区高技术产业集聚具有促进作用，而对其他地区和所有地区的高技术产业集聚的影响不显著。

（4）以已经获批国家级高新技术产业区的112个城市为研究样本，利用面板数据双重门槛模型估计门槛阈值。结果表明：两个门槛值将制度环境与高技术产业集聚度分隔成了三段互不相同的关系,说明制度环境对高技术产业集聚度提高呈非线性关系。通过对门槛模型回归结果的统计发现,在四大经济区中,制度环境较高区间的样本主要位于东部地区,制度环境中等区间的比例也是东部地区最高达到50%。东北地区、中部地区和西部地区则以制度环境较低区间为主体,极少数年份达到制度环境较高区间。

(5) 由于高技术产业集聚具有空间依赖性和溢出效应,第五章选用空间杜宾模型研究发现,制度环境对本地区、其他地区和所有地区的高技术产业集聚具有显著的促进作用。为深入分析二者间的关系,利用分位数回归模型分析发现,它们之间存在非线性相关关系。从分位数回归系数趋势线看,制度环境系数存在显著突变点。在此基础上,第六章运用门槛回归模型研究制度环境与城市高技术产业集聚的关系,发现二者间存在显著的双重门槛,再次证实了制度环境与高技术产业集聚间呈显著的非线性相关。

第二节 政策建议

一、转变政府职能,营造良好的制度环境

政府作为高技术产业集聚的组织、引导和维护者,政府管理方式对高技术企业的成长具有"瓶颈"效应。首先,高技术产业的快速发展需要规范政府职能,实行科学管理,提高服务意识,实现从"管理型"政府向"服务型"政府的转变。其次,推进政务公开和"互联网+政务",构建基于互联网的一体化政务服务体系,通过信息共享、互通有无、协同办公,实行审批和服务事项在线咨询、网上办理、实时监察,做到利企便民(何凌云、陶东杰,2018)。充分利用政务微博微信、政务客户端等新平台,增加信息传播渠道,开展在线服务,形成规范、协调、公正、廉洁、高效的行政管理体制。最后,为发挥科技中介组织的沟通、协调和黏性作用,政府应加强统筹规划、把握政策、实时监督,为高技术产业发展提供及时的服务。

高技术企业在参与资产重组、促进经济发展以及推动产业结构升级等方面发挥着重要作用，政府应在资产评估、债务处理、企业兼并等方面为高技术企业营造良好的发展环境（李晓、李健、李汉东，2010）。一是制定税收优惠政策。根据高技术企业的技术水平确定税收标准，税收减免的部分落实到创新投入、新产品开发或创新成果转化中。但是，在实施税收优惠政策的同时，要建立科学、合理、操作性强的税收监控体系，加大监管力度，杜绝漏征漏管企业，防止高技术企业的税收流失。二是开放资本市场。到目前为止，已经开放了股票市场和债券市场，资本市场将逐步实现境内外金融资产的全球配置，在满足本土金融资产需求的同时海外资本也能够顺利注入，在一定程度上拓宽了高技术企业的融资渠道。人民币的国际化与资本市场开放相辅相成，人民币的国际化使人民币成为国际储备货币，实现了人民币的跨境支付和投资。人民币的国际化要求市场决定人民币汇率，决定着中国在全球金融市场中的地位，进而推动了资本市场的开放。三是构建技术创新和信息共享平台。高技术产业创新平台的建设以实现行业共性技术和关键技术的突破、科技信息共享、创新成果转化为目标，提高自主创新能力。高技术产业创新平台在建设过程中，除了与国家层面平台对接外，还应结合地区高技术产业、科研机构及教育资源等方面的优势，切实为当地高技术产业发展和科技创新提供全面的技术支撑。在运行上，按照"政府大力支持，平台服务企业，企业自主创新"的原则，实现资源共享、优势互补、共赢发展。促进高技术产业创新平台的开放发展，鼓励企业在平台内开展产学研合作，加快成果转化速度，使其成为"科技孵化"温床。在管理上，要明确高校、科研机构和企业在技术创新与信息共享平台中的分工与作用，形成以国家级科研机构或大企业为主体，中小型企业与高校等机构积极参与的分工合理、组织有序的共性核心技术创新与共享平台。

二、企业间加强分工合作，形成信任机制

高技术产业集聚区内的企业在空间上临近分布，促进了企业间的分工与协作，使企业间的交流日益频繁，企业间形成了各种正式关系和非正式关系（蒋金荷，2005）。正式关系是指企业与其他企业间通过供给和需求的产业关联形成的长期稳定的关系；非正式关系是基于共同的社会文化背景形成的人与人之间的社

会网络关系。如企业家网络是以企业家的个人关系网络为基础形成的地方性企业群体,具有非常重要的带动作用。此外,企业间以生产要素为基础的分工协作会引导要素集聚或扩散,提高资源配置效率,进而产生生产要素的规模效应,提高高技术产业的边际收益,推动技术创新和产业升级。

信任机制是企业间分工与合作关系建立的基础,人与人之间共同的社会文化背景、阅历和行为习惯对其形成起着至关重要的作用。首先,由于地区存在特有的地缘、亲缘关系网络,人与人之间的信任机制形成的基础是共同的行为准则,避免机会主义行为;其次,建立在信任机制基础上的非正式关系网络,能够在区域内实现信息和资源共享;再次,高技术企业与政府、高校、科研机构和中介组织之间存在技术、信息、人力资本等生产要素的良性流动,应使它们之间相互信任、相互依赖,进而形成互补性的协调发展机制;最后,区域内的高技术企业在分工与合作中存在一定的协调与摩擦成本,应在一定程度上减少企业的机会主义行为,促进黏性知识的传播和承诺的形成。

三、深化创新体制改革,丰富人才引进模式

目前在政府主导的科技管理体制下,科研机构多重视创新资本的获取,而在创新成果的转化上的投入较少。高技术产业的创新成果转化过程是一个实现经济价值的过程,创新成果能否顺利转化决定了其经济贡献的大小。转化机制的建设既要能够使高技术企业找到创新成果转化的方向和重点,还要强化创新成果产权交易的市场机制,增强企业的市场应变能力。同时,还要建立科研机构、高技术企业与中介机构在研发活动方面的沟通协调机制,促进高技术产业技术创新成果的快速转化,避免高技术创新成果沦为"陈果"。搭建区域间沟通协调机制,杜绝信息不对称现象,实现高技术产业创新要素在区域间的良性流动。打破各地高技术产业重复研发和低水平格局,在政府的带动下,推进"产学研用金介"等之间的合作,合纵连横,构建高层次、大规模的战略联盟体,在短时间内快速提高我国高技术产业竞争力。

高技术产业项目运作往往需要不同能力、领域和知识结构的高层次人才。采取"项目+团队"的人才引进模式,在解决人才短缺问题的同时,还能够发挥高科技人才的"葡萄串效应"。项目的启动在带来经济增长的同时,也带来人才

的集聚。在高技术产业内形成"项目出人才，人才促项目"的良性循环。做好"借脑"工程，推广"柔性引才"。聘请知名专家担任高技术企业的技术顾问，通过兼职指导、技术咨询、项目合作等形式，解决高技术企业发展的人才或技术缺口。把高技术企业的实验室迁到高等院校或科研院所，成功将高技术企业转化为技术创新成果转化基地。此外，注重高技术产业人才网络平台建设。借助发达的通信技术，一方面大大提高了高技术企业的人才引进效率；另一方面促进高技术产业人才的流动和信息的交流，有助于了解行业发展动态。另外，为了适应不断变化的市场环境，定期对员工进行专业技能及其他方面的培训十分重要。通过专业知识与技能的培训可以更新高技术人才知识结构，了解产业发展趋势，提高他们的综合能力。展开人才工程建设，依托重大项目或创新平台，委派员工参与国际交流，培养具有创新精神的拔尖人才和技术专家。

四、实施知识产权保护战略，完善创新链

知识产权是科技人员基于自己的技术创新成果或管理者在生产经营活动的经验总结而依法享有的权利（马娟、万解秋，2018）。高技术企业应深入实施以标准、专利为核心的知识产权战略，目前已经建立了符合国际通行规则、门类齐全的知识产权制度，加入了知识产权国际公约。在国内形成了行政执法和司法保护两条"优势互补、有机衔接"的知识产权保护途径，并修订了专利法、著作权法以及商标法等相关法律（姚利民、饶艳，2009）。高技术企业要认识到知识产权是企业的重要的财产权，它同有形资产一样为企业创造利益。近年来，知识产权保护的有效运用，增强了高技术产业的核心关键技术的创新能力，新一代移动通信、核电、激光、反卫星技术等高技术在世界居领先水平，加快了高技术产业向产业价值链高端迈进的步伐。另外，随着经济全球化进程的加快，全球范围内的技术创新合作及相关知识产权保护、转让问题日益频繁，知识产权保护成为世界各国共同面临的难题。中国作为国际知识产权规则建设的成员之一，应积极参与合作与交流，共同维护国际知识产权保护的良好制度环境。

创新链是指围绕某一创新的核心主体，以满足市场需求为导向，通过技术创新活动将创新活动参与者联系起来，以实现创新成果的转化与创新生态系统功能链的优化（黄晓玲、王丽芳，2017）。创新链是高技术产业在各个环节的价值增值基础，产业的每一个环节或节点都可能衍生出一条创新链，进而带动高技术产业的协同创新。同时，创新链能够使高技术产业向价值链两端延伸，技术创新成果的产业化能加快高技术产业集聚和关联产业的崛起。如果区域创新链不完善，会导致产业发展出现短板以及关键核心技术的缺乏，处于价值链低端。各地区应根据自身的创新优势，完善区域高技术产业创新链，调动高技术企业、高校和科研机构的创新积极性，培育发展科技金融中介服务体系，加大区域研发投入力度，搭建各级技术创新平台培养和引进高端创新人才。

五、遏制地方保护主义，优化区域分工

从高技术产业的发展来看，首先，地方保护在提高地区当前利益的同时阻碍了国家市场的形成，破坏了企业间的公平竞争，使促进高技术企业生产技术和经营管理水平提高的优胜劣汰机制失效（李延凯、韩廷春，2009）。其次，对劣势企业的地方保护，不利于优势企业的发展，降低了资源配置效率。地方保护主义的产生既有历史原因，也有经济和政治体制的因素，要从根本上遏制、铲除地方保护主义，应做到以下几点：一是要加大《中华人民共和国反垄断法》和《中华人民共和国反不正当竞争法》的宣传和执行力度。各级政府部门要认真学习法律知识，树立正确的法律意识和法律观念，强化以法为天的工作理念。同时要提高高技术企业的法律观念，做到守法、护法，营造遏制地方保护主义的法律氛围。二是改革政府的考核选拔机制。地方保护主义的目的是干部追求政绩和地区短期利益，从而被提拔重用。那么，杜绝干部追求政绩的方式是将他的"乌纱帽"从上级政府手中转交给地方百姓，这样，地方干部就不会为了眼前利益而牺牲长期利益。三是改革财税体制，理顺中央与地方的关系。

各省区应因地制宜，结合自身的资源禀赋、高技术产业优势、技术创新优势以及发展需求参与高技术产业发展的地区分工，培育具有突出竞争优势的高技术产业集群，带动相关产业优化升级，促进经济快速发展（吕明洁、陈松，2011）。相对来说，计算机及办公设备制造业、电子及通信设备制造业、医疗设备及仪器仪表制造业应细分产业链、产品和市场。广东、江苏、北京、天津、浙江等省市要充分发挥高技术人才、资本、市场、信息及便利的对外贸易优势，向产业价值链的上游延伸，通过技术溢出效应和产业转移，将劳动力密集型的低附加值环节向中部地区转移，实现地区间错位发展。天津和陕西的航天航空制造业基础雄厚，应大力发展航空航天产业集群，通过溢出效应带动其他产业的发展。广西、贵州和云南等地应充分利用丰富的中草药资源和低成本优势，集中资金、技术、人力，培育医药制造业产业集群，提高产业发展的专业化水平，营造良好的高技术产业发展的生态环境。

第三节 研究局限与展望

虽然本书试图从新制度经济学的视角，研究制度环境对高技术产业集聚的影响，构建面板数据模型进行实证研究，然而，由于受数据来源和知识水平的限制，本书仍然存在一定的不足，但这并不影响高技术产业集聚理论与经验的发展，研究的局限反而更能激励我们继续拓展、创新与探索研究空间。

（1）科学技术是第一生产力，高技术产业是技术创新主力军，高技术产业对资源的依赖性低，可以跨区域迁移与集聚。高技术产业集聚是工业化过程中的必然现象，本书的实证部分重在分析制度环境对高技术企业集聚的促进作用，然而，高技术企业集聚后集聚效应的高低，制度环境是否继续对其集聚效应产生影响有待进一步检验。

（2）本书在构建理论模型过程中，将内生交易成本引入新经济地理学的"中心—外围"模型中，构造制度环境对高技术企业集聚的作用机理，然而，"中心—外围"是在一系列假设条件的基础上建立起来的，故我们的研究结果依然受这些假设条件的限制，未来的研究应尝试减少一些假设条件并考虑高技术企业间的分工协作对高技术产业集聚的影响。此外，制度环境的不同侧面对内生交易费用影响的大小不同，如何确定各种政策和制度在内生交易费用中的权重，继而构建高技术产业集聚的理论模型，将成为未来研究中的一个重要问题。

（3）由于关于制度、制度环境的内涵还没有达成共识，在研究制度环境与高技术产业集聚的关系时，应当从高技术产业发展的资本、市场、信息等生产要素出发进行理论回顾。与其他指标相比，制度环境的测量指标较少。制度环境的代理变量无法统一，指标的稳定性也不高。制度环境的度量是一个复杂的指标体系，制度环境的不同方面有不同的权重，权重的确定有待进一步研究。

（4）关于制度环境对高技术产业集聚影响的研究，现有的研究文献多局限于从制度环境的影响机理展开研究，缺乏制度环境对高技术产业集聚的生命周期及其动态演化机理的研究，进而揭示制度环境对高技术产业衍生和演变机制的研究相对较少。

参考文献

[1] Alberto Chong, César Calderón. Institutional Quality and Income Distribution [J]. Economic Development and Cultural Change, 2000, 48 (4): 761 -786.

[2] Alex Coad, Rekha Rao. Innovation and Firm Growth in High - tech Sectors: A Quantile Regression Approach [J]. Research Policy, 2008, 37 (4): 633 -648.

[3] Bai, C. Yingjuan, Zhigang, et al. Local Protectionism and Regional Specialization: Evidence from China's Industries [J]. Social Science Electronic Publishing, 2004, 63 (2): 397 -417.

[4] Buchanan B G, Le Q V, Rishi M. Foreign Direct Investment and Institutional Quality: Some Empirical Evidence [J]. International Review of Financial Analysis, 2012, 21 (6): 81 -89.

[5] Chen J, Liang L, Hang W U. Industrial Agglomeration and Innovation Performance under the Background of Open Innovation: Evidence From Chinese High - tech Industries [J]. Studies in Science of Science, 2013, 67 (4): 645 -663.

[6] Chen R, Du Y, Wang J, et al. Empirical Analysis on the Relationship between High - tech Industrial Agglomeration and Economic Growth in lanzhou - Baiyin Economic Zone [J]. Chinese Agricultural Science Bulletin, 2014, 30 (17): 82 -87.

[7] Chu Z. Institutional Change and Industrial Agglomeration: An Empirical Study Based on Provincial panel Data in China [J]. Advances in Information Sciences & Service Sciences, 2013, 5 (8): 391 -399.

[8] Coe, Helpman, Hoffmaister. International R&D Spillovers and Institutions

[J]. European Economic Review, 2009 (53): 723 - 741.

[9] Dreher, Axel, Christos Kotsogiannis, Steve McCorriston. How do Institutions Affect Corruption and the Shadow Economy? [J]. International Tax and Public Finance, 2009, 16 (6): 773 - 796.

[10] Ellison G, Glaeser E L, Kerr W R. What Causes Industry Agglomeration? Evidence from Coagglomeration Patterns [J]. American Economic Review, 2010, 100 (3): 1195 - 1213.

[11] Felsenstein D. Do High Technology Agglomerations Encourage Urban Sprawl? [J]. Annals of Regional Science, 2002, 36 (4): 663 - 682.

[12] Freedman M L. Job Hopping, Earnings Dynamics, and Industrial Agglomeration in the Software Publishing Industry [J]. Journal of Urban Economics, 2008, 64 (3): 590 - 600.

[13] Fosfuri A, Rønde T. High - tech Clusters, Technology Spillovers, and Trade Secret Laws [J]. International Journal of Industrial Organization, 2004, 22 (1): 45 - 65.

[14] Hall, Jones. Why do Some Countries Produce so Much More Output Per Worker Than Others? [J]. Quarterly Journal of Economics, 1999 (1141): 83 - 116.

[15] Hung R Y Y, Lien Y H, Yang B, et al. Impact of TQM and Organizational Learning on Innovation Performance in The High - tech Industry [J]. International Business Review, 2011, 20 (2): 213 - 225.

[16] James L Butkiewicz, Halit Yanikkaya. Institutional Quality and Economic Growth: Maintenance of the Rule of Law or Democratic Institutions, or Both? [J]. Economic Modelling, 2006, 23 (4): 648 - 661.

[17] Kirch G, Terra P R S. Determinants of Corporate Debt Maturity in South America: Do Institutional Quality and Financial Development Matter? [J]. Journal of Corporate Finance, 2012, 18 (4): 980 - 993.

[18] La Porta, Rafael, et al. The Quality of Government Journal of Law [J]. Economics and Organization, 1999, 15 (1): 222 - 279.

[19] Levchenko A A. Institutional Quality and International Trade [J]. Review

of Economic Studies, 2007, 74 (3): 791 – 819.

[20] Manca F. Technology Catch – up and the Role of Institutions [J]. Journal of Macroeconomics, 2010, 32 (4): 1041 – 1053.

[21] Mori T, Nishikimi K. Economies of Transport Density and Industrial Agglomeration [J]. Regional Science and Urban Economics, 2002, 32 (2): 167 – 200.

[22] Olsson, Ola. Geography and Institutions: Plausible and Implausible Linkages [J]. Journal of Economics, 2005, 10 (1): 167 – 194.

[23] Sha M O, Gui – Xiang H E. The Research on Industrial Agglomeration and Export Sophistication of Chinese High – tech industry [J]. Economic Survey, 2013, 1 (5): 47 – 52.

[24] Song M, Noh J. Best New Product Development and Management Practices in the Korean High – tech Industry [J]. Industrial Marketing Management, 2006, 35 (3): 262 – 278.

[25] Tsani S. Natural Resources, Governance and Institutional Quality: The Role of Resource Funds [J]. Resources Policy, 2013, 38 (2): 181 – 195.

[26] Wen, M. Relocation and Agglomeration of Chinese Industry [J]. Economic Research Journal, 2004, 73 (1): 329 – 347.

[27] Wang Z L, Tan Q M, Xiao – Di X U. The Metrical Method and Empirical Studies of High – tech Industry Agglomeration Level [J]. Studies in Science of Science, 2006, 24 (5): 706 – 714.

[28] Ying W U, Yang H. DEA model for Measuring the Efficiency of S&T Resource Allocation of High – tech Industry Based on R&D Knowledge Stock [J]. Science of Science & Management of S&T, 2006, 54 (54): 853 – 860.

[29] Young A. The Razor's Edge: Disortions and Incremental Reform in The People's Republic of China [J]. The Quarterly Journal of Economis, 2000, 115 (4): 1091 – 1135.

[30] Zheng, Dan, Kuroda, et al. The Impact of Economic Policy on Industrial Specialization and Regional, Concentration of China's High – tech Industries [J]. An-

nals of Regional Science, 2013, 50 (3): 771 - 790.

[31] Zhihui, Wang. An Analysis on the Relationship between Innovation and the High - tech Industrial Agglomeration [J]. U. S. - China Economic Review (English Version), 2006 (7): 60 - 62.

[32] 王缉慈. 创新的空间: 企业集群与区域发展 [M]. 北京: 北京大学出版社, 2001: 180 - 262.

[33] 阮光珍. 高技术产业集聚研究 [M]. 北京: 科学出版社, 2012: 117 - 152.

[34] 郭利平. 产业集聚和 FDI 因果关系实证研究 [M]. 北京: 经济科学出版社, 2013: 173 - 205.

[35] 赵玉林. 高技术产业经济学 [M]. 北京: 科学出版社, 2012: 317 - 365.

[36] 卢现祥, 朱巧云. 新制度经济学 (第二版) [M]. 北京: 北京大学出版社, 2014: 53 - 92.

[37] 杨小凯, 黄有光. 专业化与经济组织 [M]. 张玉纲译. 北京: 经济科学出版社, 1999: 56 - 116.

[38] 道格拉斯·诺思. 经济史中的结构与变迁 [M]. 陈郁, 罗华平译. 上海: 上海人民出版社, 1994: 76 - 98.

[39] 理查德·斯科特. 制度与组织: 思想观念与物质利益 (第三版) [M]. 姚伟, 王黎芳译. 北京: 中国人民大学出版社, 2010: 65 - 108.

[40] 道格拉斯·诺思. 制度、制度变迁与经济绩效 [M]. 杭行译. 上海: 格致出版社, 2014: 78 - 137.

[41] 郭苏文. 制度质量视角的中国贸易政策研究 [M]. 北京: 经济科学出版社, 2013: 121 - 168.

[42] 谢里. 制度安排、产业集聚与地区收入差距 [M]. 北京: 商务印书馆, 2017: 35 - 64.

[43] 吴敬琏. 发展中国高新技术产业: 制度重于技术 [M]. 北京: 中国发展出版社, 2002: 1 - 39.

[44] 王小鲁, 樊纲, 余静文. 中国分省份市场化指数报告 [M]. 北京: 社

会科学文献出版社,2017:8-56.

[45] 谢润邦,胡美林. 风险资本的集聚对高新技术产业集群发展的影响分析 [J]. 湖南大学学报（社会科学版）, 2006, 20 (2): 70-73.

[46] 毛军. 人力资本与高技术产业集聚——以京津、长三角、珠三角为例的分析 [J]. 北京社会科学, 2006 (5): 82-86.

[47] 彭澎,蔡莉. 基于协同学理论的高技术产业集群生成主要影响因素研究 [J]. 山东大学学报（哲学社会科学版）, 2007 (1): 72-78.

[48] 周任远,陈荣耀. 高技术产业集聚与外商直接投资 [J]. 上海市经济管理干部学院学报, 2007, 5 (3): 19-25.

[49] 王玮,方虹. FDI与我国高新技术产业集聚关系的实证研究 [J]. 贵州大学学报（社会科学版）, 2008, 26 (1): 15-20.

[50] 彭中文,何新城. 外资R&D溢出与高技术产业集聚的实证分析 [J]. 中央财经大学学报, 2008 (10): 85-88.

[51] 姚敏,许红. 中国高新技术产业集聚的形成机理及实证 [J]. 统计与决策, 2008 (1): 105-107.

[52] 仇怡,吴建军. 国际贸易、产业集聚与技术进步——基于中国高技术产业的实证研究 [J]. 科学学研究, 2010, 28 (9): 1347-1353.

[53] 张樨樨,韩秀元. 高新技术产业人才集聚发展环境综合评价研究 [J]. 山东大学学报（哲学社会科学版）, 2013 (5): 100-111.

[54] 席艳玲,吉生保. 中国高技术产业集聚程度变动趋势及影响因素——基于新经济地理学的视角 [J]. 中国科技论坛, 2012 (10): 51-57.

[55] 梁滢. 贸易开放对我国高新技术产业区域集聚影响的实证分析 [J]. 科学管理研究, 2012, 30 (3): 62-65.

[56] 牛冲槐,张帆,封海燕. 科技型人才聚集、高新技术产业聚集与区域技术创新 [J]. 科技进步与决策, 2012, 29 (15): 46-51.

[57] 郑秀田,王雪亨. 我国高技术产业区域集聚发展趋势与影响因素的实证分析 [J]. 区域经济评论, 2013 (5): 84-89.

[58] 李建玲,孙铁山. 推进北京高新技术产业集聚与发展中的政府作用研究 [J]. 科研管理, 2003 (5): 92-97.

[59] 张小荣. 政府在技术创新网络与高技术产业发展中的作用 [J]. 财经科学, 2004 (S1): 406 - 408.

[60] 刘筱, 王铮, 赵晶媛. 政府在高技术产业集群中的作用——以深圳为例 [J]. 科研管理, 2006, 27 (4): 36 - 43.

[61] 傅首清, 赵豪迈, 邱菀华. 高技术产业软环境中的政府作用机制分析——从广义交易成本理论的视角 [J]. 经济研究导刊, 2008 (19): 36 - 39.

[62] 李晓, 李健, 李汉东. 政府在区域高技术产业发展中的作用研究 [J]. 中国经贸导刊, 2010 (22): 36 - 37.

[63] 焦艳, 石奇, 王之军. 基于空间计量经济学的高技术产业集聚及其影响因素研究——以长江三角洲 16 个城市为例 [J]. 西华大学学报 (哲学社会科学版), 2013, 32 (6): 83 - 88.

[64] 樊元, 李丽媛, 同小歌等. 财税政策和金融政策对中国高技术产业集聚效应分析——基于五大行业灰色综合关联度 [J]. 科技管理研究, 2014, 34 (7): 177 - 180.

[65] 汪芳. 高技术产业区域集聚模式及动因 [J]. 商业经济研究, 2008 (10): 93 - 94.

[66] 綦良群, 李楠. 高新技术产业集群形成机理及集聚效应分析 [J]. 工业技术经济, 2007, 26 (2): 16 - 18.

[67] 高小飞. 高新技术产业的集聚现象分析 [J]. 南京工业大学学报 (社会科学版), 2011, 10 (3): 65 - 69.

[68] 任启平, 梁俊启. 中国高新技术产业空间集聚影响因素实证研究 [J]. 经济问题探索, 2007 (9): 55 - 58.

[69] 张庆, 刘云, 蒋海军等. 北京市高技术产业集聚及在全球价值链中的地位分析 [C]. 中国优选法统筹法与经济数学研究会, 中国管理科学学术年会, 2013: 216 - 223.

[70] 金春雨, 王伟强. 我国高技术产业空间集聚及影响因素研究——基于省级面板数据的空间计量分析 [J]. 科学学与科学技术管理, 2015, 36 (7): 49 - 56.

[71] 徐光瑞. 中国高技术产业集聚与产业竞争力——基于 5 大行业的灰色

关联分析[J].中国科技论坛,2010(8):47-52.

[72] 许旸,石冬莲.我国高技术产业集聚程度变动趋势研究[J].青海师范大学学报(哲学社会科学版),2013,35(1):32-36.

[73] 梁晓艳,李志刚,汤书昆等.我国高技术产业的空间聚集现象研究——基于省际高技术产业产值的空间计量分析[J].科学学研究,2007,25(3):453-460.

[74] 王燕,徐妍.中国高技术产业集聚及其空间溢出效应研究[J].现代管理科学,2013(1):3-5.

[75] 蒋金荷.我国高技术产业同构性与集聚的实证分析[J].数量经济技术经济研究,2005,22(12):91-97.

[76] 王秋红,陈曦.我国高技术产业集聚水平的测度[J].科技管理研究,2012,32(11):49-51.

[77] 任启平,梁俊启.中国高技术产业空间集聚实证研究[J].经济导刊,2007(S1):26-28.

[78] 赵玉林,魏芳.基于熵指数和行业集中度的我国高技术产业集聚度研究[J].科学学与科学技术管理,2008,29(11):122-126+180.

[79] 郑荷芬,韩峰.中国高技术产业集聚的地理格局研究[J].山西财经大学学报,2012(S1):94.

[80] 崔松虎,刘莎莎.京津冀高技术产业协同创新效应研究[J].统计与决策,2016(16):135-138.

[81] 张倩男,赵玉林.高技术产业技术创新能力的实证分析[J].工业技术经济,2007,26(4):21-26.

[82] 方齐云,吴光豪.高技术产业集聚提高了创新效率吗?[J].管理现代化,2015,35(2):55-57.

[83] 史修松.我国高技术产业分布、区域创新及相关性分析[J].科学学与科学技术管理,2008,29(9):114-118.

[84] 张娜,杨秀云,李小光.我国高技术产业技术创新影响因素分析[J].经济问题探索,2015(1):30-35.

[85] 余泳泽,武鹏,林建兵.价值链视角下的我国高技术产业细分行业研

发效率研究［J］．科学学与科学技术管理，2010，31（5）：60－65．

［86］刘斯敖，鲁炎根．高技术产业集聚效应与创新绩效分析［J］．科技管理研究，2010，30（2）：51－52．

［87］吴永林，陈钰．高技术产业技术溢出效应的实证研究［J］．科技管理研究，2012，32（6）：82－87．

［88］洪世勤．高技术产业技术溢出效应分析与传统产业的对策［J］．中国科技论坛，2007（10）：46－50．

［89］曲婉，冯海红．高技术产业对服务企业的技术溢出效应研究［J］．科研管理，2016，37（7）：71－80．

［90］余甫功，欧阳建国．高技术产业发展对工业的带动作用和溢出效应研究——基于两部门模型的省际Panel Data的实证检验［J］．数量经济技术经济研究，2007，24（7）：35－43．

［91］程璐．高技术虚拟产业集群知识溢出效应研究［J］．科技进步与决策，2012，29（10）：119－122．

［92］张同斌，李金凯，周浩．高技术产业区域知识溢出、协同创新与全要素生产率增长［J］．财贸研究，2016，27（1）：9－18．

［93］王庆喜，王巧娜，徐维祥．我国高技术产业省际知识溢出：基于地理和技术邻近的分析［J］．经济地理，2013，33（5）：113－118＋138．

［94］王庆喜．多维邻近与我国高技术产业区域知识溢出——一项空间面板数据分析［J］．科学学研究，2013，31（7）：1068－1076．

［95］张玉明，聂艳华，李凯．知识溢出对区域创新产出影响的实证分析——以高技术产业为例［J］．软科学，2009，23（7）：99－102．

［96］周灿，曾刚．知识溢出与中国高技术产业创新［J］．经济经纬，2016，33（3）：78－83．

［97］朱秀梅，蔡莉，张危宁．基于高技术产业集群的知识溢出传导机制研究［J］．工业技术经济，2006，25（5）：47－51．

［98］张月花，曹娣，薛伟贤．陕西省高技术产业集群效应分析及对策研究［J］．中国科技论坛，2009（11）：32－38．

［99］梁琦．高技术产业集聚的新理论解释［J］．广东社会科学，2004（2）：

46 - 51.

[100] 任启平, 梁俊启. 中国高技术产业空间集聚实证研究 [J]. 经济导刊, 2007 (S1): 26 - 28.

[101] 闫大柱, 冯英娟, 徐春秋等. 黑龙江省高技术产业对经济发展的带动效应分析 [J]. 工业技术经济, 2009, 28 (10): 106 - 109.

[102] 惠树鹏. 我国高技术产业发展的区域效应研究 [J]. 工业技术经济, 2011, 30 (11): 91 - 95.

[103] 赵玉林, 魏芳. 高技术产业发展对经济增长带动作用的实证分析 [J]. 数量经济技术经济研究, 2006, 23 (6): 44 - 54.

[104] 白积洋. 中国制造业集聚机制再研究——基于内生交易成本视角 [J]. 科学决策, 2012 (10): 18 - 77.

[105] 陈俊, 代明, 宋慧. 中国高技术产业集聚经济差异分析 [J]. 中国科技论坛, 2016 (7): 55 - 60.

[106] 卜洪运, 吕俊杰. 高技术产业四种经济效应分析 [J]. 经济问题探索, 2004 (3): 64 - 65.

[107] 董登珍, 陈蓉蓉. 高技术产业关联带动经济增长的机制与对策 [J]. 武汉理工大学学报 (社会科学版), 2007, 20 (1): 58 - 61.

[108] 刘和旺, 郑世林. 高技术产业化专项投资就业效应的研究 [J]. 中国软科学, 2013 (7): 47 - 60.

[109] 李阁峰, 佟仁城, 许健. 高新技术产业对劳动就业影响的案例分析 [J]. 管理评论, 2005, 17 (7): 56 - 61.

[110] 万伦来, 张松林, 杨燕红. 高技术产业就业增长粘性: "无就业增长" [J]. 经济理论与经济管理, 2006 (12): 51 - 56.

[111] 晋盛武, 盛淑洁. 中国高技术产业集聚的就业效应研究——基于空间面板的实证分析 [J]. 地理与地理信息科学, 2015, 31 (1): 80 - 86.

[112] 马中东. 交易费用、中间性组织与产业集群——基于新制度经济学的研究视角 [J]. 山东财政学院学报, 2005 (6): 20 - 24.

[113] 薛有志, 严子淳, 杨慧. 制度质量: 回顾、评述与展望 [J]. 现代管理科学, 2014 (8): 12 - 14.

[114] 李恒. 交易费用、聚集经济与跨国公司区位 [J]. 中国软科学, 2005 (2): 131-137.

[115] 杨瑞龙, 冯健. 企业间网络及其效率的经济学分析 [J]. 江苏社会科学, 2004 (3): 54-59.

[116] 李新, 王敏晰. 高新技术向传统产业的扩散效应及对我国的启示 [J]. 科技与经济, 2009 (1): 39-41.

[117] 吴永林, 陈钰. 高技术产业对北京传统行业技术溢出的实证研究 [J]. 中国科技论坛, 2010 (3): 38-44.

[118] 王庆喜. 我国高技术产业省际知识溢出: 基于地理和技术邻近的分析 [J]. 经济地理, 2013 (5): 111-116.

[119] 钟鸣长, 沈能. 高新技术产业与传统产业间的溢出效应分析 [J]. 生产力研究, 2006 (7): 212-214.

[120] 齐晓丽, 金善女, 梁慧超等. 基于面板数据的分位数回归及实证研究 [J]. 河北工业大学学报, 2010, 39 (3): 98-101.

[121] 张维阳, 段学军, 高金龙等. 中国高新技术产业的地理格局与地理集中 [J]. 长江流域资源与环境, 2011, 20 (7): 830-836.

[122] 唐根年, 徐维祥. 中国高技术产业成长的时空演变特征及其空间布局研究 [J]. 经济地理, 2004, 24 (5): 604-608.

[123] 陈正伟. 我国高技术产业对经济贡献的特征分析 [J]. 重庆工商大学学报 (自然科学版), 2006, 23 (5): 509-515.

[124] 尤瑞玲. 高技术产业集聚研究动态 [J]. 技术经济与管理研究, 2018 (1): 107-112.

[125] 潘镇. 制度质量、制度距离与双边贸易 [J]. 中国工业经济, 2006 (7): 45-52.

[126] 胡昭玲, 张玉. 制度质量改进能否提升价值链分工地位? [J]. 世界经济研究, 2015 (8): 19-26.

[127] 王恕立, 向姣姣. 制度质量、投资动机与中国对外直接投资的区位选择 [J]. 财经研究, 2015, 41 (5): 134-144.

[128] 邵军, 徐康宁. 制度质量、外资进入与增长效应: 一个跨国的经验研

究 [J]. 世界经济, 2008, 31 (7): 3-14.

[129] 叶明确, 方莹. 出口与我国全要素生产率增长的关系——基于空间杜宾模型 [J]. 国际贸易问题, 2013 (5): 19-31.

[130] 戴翔, 金碚. 产品内分工、制度质量与出口技术复杂度 [J]. 经济研究, 2014 (7): 4-17.

[131] 祁春凌, 邹超. 东道国制度质量、制度距离与中国的对外直接投资区位 [J]. 当代财经, 2013 (7): 100-110.

[132] 郭建万, 袁丽. 自然资源丰裕、制度质量与经济发展关系的研究 [J]. 南方经济, 2009 (10): 69-80.

[133] 戴翔, 郑岚. 制度质量如何影响中国攀升全球价值链 [J]. 国际贸易问题, 2015 (12): 51-63.

[134] 郭苏文, 黄汉民. 制度质量、制度稳定性与对外贸易: 一项实证研究 [J]. 国际经贸探索, 2011, 27 (4): 47-51.

[135] 聂爱云, 陆长平. 制度质量与 FDI 的产业增长效应——基于中国省级面板数据的实证研究 [J]. 世界经济研究, 2014 (4): 80-86.

[136] 戴魁早. 制度环境、区域差异与知识生产效率——来自中国省际高技术产业的经验证据 [J]. 科学学研究, 2015, 33 (3): 369-371.

[137] 陈博, 尚晓贺, 陶江. 制度环境、银行信贷与高技术产业发展——基于省际面板数据的实证分析 [J]. 经济问题探索, 2016 (5): 1-8.

[138] 罗小芳, 卢现祥. 制度质量: 衡量与价值 [J]. 国外社会科学, 2011 (2): 43-51.

[139] 郑辛迎, 方明月, 聂辉华. 市场范围、制度质量和企业一体化: 来自中国制造业的证据 [J]. 南开经济研究, 2014 (1): 118-133.

[140] 何雄浪, 姜泽林. 自然资源禀赋、制度质量与经济增长——一个理论分析框架和计量实证检验 [J]. 西南民族大学学报 (人文社科版), 2017 (1): 134-144.

[141] 董利红, 严太华, 邹庆. 制度质量、技术创新的挤出效应与资源诅咒——基于我国省际面板数据的实证分析 [J]. 科研管理, 2015, 36 (2): 88-95.

[142] 刘琳. 全球价值链、制度质量与出口品技术含量——基于跨国层面的实证分析 [J]. 国际贸易问题, 2015 (10): 37-47.

[143] 肖利平, 郭熙保. 制度质量与追赶型增长——基于中国省域经济的实证研究 [J]. 北京工商大学学报 (社会科学版), 2011 (5): 117-123.

[144] 张莉, 黄汉民, 郭苏文. 制度质量与中国区域经济增长差异的格兰杰因果分析——基于中国区域面板数据 [J]. 华东经济管理, 2014, 28 (2): 59-63.

[145] 王军, 邹广平, 石先进. 制度变迁对中国经济增长的影响——基于VAR模型的实证研究 [J]. 中国工业经济, 2013 (6): 70-82.

[146] 丁辉侠. 制度因素与区域经济增长——基于中国地方数据的实证分析 [J]. 山西财经大学学报, 2010 (7): 16-21.

[147] 刘玉珂, 邝湘敏. 制度变迁与区域经济增长: 基于湖南省级数据的实证 [J]. 经济地理, 2012 (1): 25-29.

[148] 雷韵, 谢里, 罗能生. 制度变迁与经济增长: 基于中国数据的经验研究 [J]. 统计与决策, 2012 (16): 117-121.

[149] 刘若江. 中国经济增长方式转变的制度因素分析 [J]. 西安财经学院学报, 2011, 24 (5): 12-15.

[150] 刘勇, 周宏. 知识产权保护和经济增长: 基于省际面板数据的研究 [J]. 财经问题研究, 2008 (6): 17-21.

[151] 郭苏文, 黄汉民. 中国地区经济增长不平衡的制度质量解释 [J]. 统计与决策, 2012 (2): 121-123.

[152] 朱冰冰. 浅谈高技术产业的定义及界定方法 [J]. 科协论坛 (下半月), 2013 (4): 150-151.

[153] 孙静娟, 戴忻, 杨际昌. 对我国高技术产业统计界定的思考 [J]. 统计与决策, 2008 (4).

[154] 马忠新, 陶一桃. 制度供给、制度质量与城市发展不平衡——基于改革开放后288个城市发展差异的实证研究 [J]. 财政研究, 2018 (6): 70-83.

[155] 张晶. 高技术产业界定指标及方法分析 [J]. 中国科技论坛, 1997 (1): 22-25.

［156］李恒．发展高新技术产业集群的思考［J］．统计与决策，2005（12s）：101－103．

［157］綦良群．高新技术产业政策管理体系设计［J］．中国软科学，2005（3）：139－144．

［158］宾建成，陈柳钦．论我国高新技术产业发展的政策支持体系建设［J］．工业技术经济，2006，25（1）：25－30．

［159］吕明洁，陈松．我国高技术产业政策绩效及其收敛分析［J］．科学学与科学技术管理，2011，32（2）：43－47．

［160］董志强，魏下海，汤灿晴．制度软环境与经济发展——基于30个大城市营商环境的经验研究［J］．管理世界，2012（4）：9－20．

［161］周超，刘夏，辜转．营商环境与中国对外直接投资——基于投资动机的视角［J］．国际贸易问题，2017（10）：145－154．

［162］何凌云，陶东杰．营商环境会影响企业研发投入吗？——基于世界银行调查数据的实证分析［J］．江西财经大学学报，2018，117（3）：52－59．

［163］荣浩，王菁华．我国旅游业发展的区域差异——基于制度供给质量视角［J］．经济问题，2011（11）：126－128．

［164］李强，左静娴．财政分权、制度质量与城市蔓延——来自长江经济带的例证［J］．中国科技论坛，2017（9）：123－130．

［165］李强，徐康宁．制度质量、贸易开放与经济增长［J］．国际经贸探索，2017（10）：4－18．

［166］涂红．贸易开放、制度变迁与经济增长——基于不同国家规模和发展水平的比较分析［J］．南开学报（哲学社会科学版），2006（3）：45－53．

［167］霍丽，惠宁．制度优势与产业集群的形成［J］．经济学家，2007（4）：71－75．

［168］黄晓玲，王丽芳．外资企业进入、制度质量与高技术产业创新——基于企业层面微观数据的实证分析［J］．经济与管理评论，2017（5）：95－102．

［169］陈毛林，黄永春．制度质量与企业技术创新追赶绩效——基于工业企业数据的实证分析［J］．科技管理研究，2016，36（20）：11－16．

［170］邱成利．制度创新与产业集聚的关系研究［J］．中国软科学，2001

(9)：100-103.

[171] 杨飞. 制度质量与技术创新——基于中国 1997~2009 年制造业数据的分析 [J]. 产业经济研究，2013（5）：93-103.

[172] 王凯，黎友焕. 财政分权与中国经济增长——基于省级面板数据协整和格兰杰因果检验的实证分析 [J]. 贵州财经大学学报，2009（6）：76-80.

[173] 李延凯，韩廷春. 制度变迁与中国经济增长——基于中心城市层面的实证研究 [J]. 经济与管理研究，2009（6）：26-33.

[174] 陈羽，李小平，白澎. 市场结构如何影响 R&D 投入？——基于中国制造业行业面板数据的实证分析 [J]. 南开经济研究，2007（1）：135-145.

[175] 姚利民，饶艳. 中国知识产权保护的水平测量和地区差异 [J]. 国际贸易问题，2009（1）：114-120.

[176] 李宏，陈圳. 制度约束与全球价值链地位提升：制度红利的门槛效应 [J]. 现代财经（天津财经大学学报），2018（2）：41-53.

[177] 马娟，万解秋. 利率市场化、地方政府干预与信贷配置效率——基于 2003-2015 年省际面板数据的分析 [J]. 商业研究，2018（11）：38-47.

[178] 洪银兴. 完善产权制度和要素市场化配置机制研究 [J]. 中国工业经济，2018（6）：7-16.

[179] 陈仲常，余翔. 企业研发投入的外部环境影响因素研究——基于产业层面的面板数据分析 [J]. 科研管理，2007，28（2）：78-84+123.

[180] 成力为，孙玮. 市场化程度对自主创新配置效率的影响——基于 Cost-Malmquist 指数的高技术产业行业面板数据分析 [J]. 中国软科学，2012（5）：128-137.

致　谢

曾经无数次想象过写本书致谢内容的心情，在书稿即将付梓之际，我思绪万千，心情久久不能平静。回首一直以来的学习生活，感叹时光的飞逝、科研中的困惑，更感叹生活上的困难，需要有更多克服困难的勇气！尤其是在四年博士生活中，有太多人需要感谢！

首要感谢亦师亦友的恩师——陈秋玲教授，能成为陈老师的学生是上天赐给我的缘分。对于一个已经结婚生子的脱产妈妈，陈老师给我机会回到学校继续深造，心中万分感激！陈老师严谨的治学态度，精益求精的工作作风，诲人不倦的高尚师德，严于律己、宽以待人的崇高风范，朴实无华、平易近人的人格魅力深深感染和激励着我；她独特的教育视角，让我懂得做研究要独辟蹊径；在论文写作过程中，从论文的选题、开题、中期到答辩，陈老师倾注了大量心血，她一次又一次地帮我解决研究中存在的问题，给我提出切实可行的指导性建议，并细心全面地修改我的论文；在生活上，陈老师给予了我无微不至的关怀、无尽的宽容与照顾。我永远无法忘记陈老师为我做的一切，从学习、生活到工作、家庭都给予了无微不至的关怀，在此谨向陈老师致以诚挚的谢意和崇高的敬意。我无以为报，只有把对恩师的爱和感激深深埋在心底，在恩师的宽容、严谨、勤奋的时刻影响下砥砺前行！

感谢在书稿撰写过程中唐豪教授、李骏阳教授、聂永有教授、叶明确教授、吕康娟教授、史东辉教授、张恒龙教授、董有德教授给我提出的诸多宝贵意见，帮助我进一步梳理全书的框架结构，完善研究内容。老师们教书育人的为师之道和严谨的治学作风深深印在我的脑海里，他们对学生平易近人的态度和兢兢业业的工作作风给我树立了一个良好的榜样,是值得我终身学习的精神财富。感谢周亚红老师、张国平老师、朱保华老师等任课教师,老师们精彩的授课、激烈的讨论、不厌其烦地解答学生的问题,开阔了我的视野,丰富了我的学识,对本书最终能成稿提供了莫大的帮助。感谢经济学院陈文婕老师、陈齐洁老师、郑雯睿老师、胡晨老师等教辅老师给予我学习上的帮助,生活上的关心与支持,让我时刻感受着经济学院这个大家庭的温暖。在此,一并向各位老师表示深深的感谢!

感谢同门的师兄师姐师弟师妹们——于丽丽、李钰、黄天河、胡兆廉、徐燕、曾雪、高空、赵靓玉、熊雄、吕凡、韩志莹、陈洁、江玉琴、周飞、何七长、蒋涛,你们扎实的专业基础和活跃的思维不断给我灵感,每次研讨中你们的宽阔视野都给予了我在科研方面极大的正能量,感谢秋秋集团这个温暖的大家庭。感谢四年以来和我一起学习共同进步的同学们,特别是张鹏博士、李淑云博士、陈琼豪博士、李夏玲博士、房静涛博士、梁志强博士、庄华博士和唐毅博士,经常与你们探讨学术、交流问题给我的科研提供了很好的启迪,也衷心感谢你们对我在生活上给予的关怀和支持;同窗情谊,一生温馨!

感谢我的家人,你们的支持和鼓励是我前进的最大动力。特别是我挚爱的母亲,给予了我伟大而无私的爱,多少个节日我仅能通过电话问候,您却毫无怨言,您无私的爱和殷切的期望始终是我前进的莫大动力。感谢我的爱人,正是他默默的付出和支持才使我有信心和毅力完成学业。感谢我的女儿,她天真可爱的笑脸带给我无尽的快乐与希望,使我充满了前进的动力!感谢我的哥哥和姐姐,帮我分担照顾母亲的责任,鼓励我不断进取!

最后,向参加本书编辑和校对的老师致以真诚的谢意并敬请批评指正。

尤瑞玲

上海大学

2019 年 4 月

后　记

　　创新是引领发展的第一动力，是建设现代化经济体系的战略支撑。一个没有创新意识的个体无法在竞争中披荆斩棘，一个缺乏创新能力的民族难以在国际竞争中永立不败之地。创新是科学技术发展的动力源泉，创新可以向社会源源不断地提供经济、社会前进所必需的新知识、新观念、新技术、新工艺或新服务。随着世界范围内科学技术的突飞猛进，创新成果不断涌现，科技实力已经成为衡量一个国家综合实力的有力砝码。

　　从世界历史看，大国崛起呈现"科技强国—经济强国—政治强国"的规律，英国在第一次科技革命后，依靠完整的科技体系和持续创新能力，成为世界上第一个工业国家；德国在以内燃机和电气化为代表第二次科技革命后崛起成为欧洲工业强国；美国抓住以电子信息等为代表的第三次科技革命机遇成为世界头号强国；日本、"亚洲四小龙"等依靠科技创新实现赶超成为发达经济体。进入21世纪以来，全球科技创新呈现新的发展态势和特征，新一轮科技革命和产业变革加速推进。创新战略成为世界主要国家核心战略，全球创新竞争呈现新格局。美国从前总统奥巴马上台后连续三次推出国家创新战略；德国连续颁布三次高技术战略，在此基础上又制定了"工业4.0"计划；日本、韩国以及俄罗斯、巴西、印度等新兴经济体，都在积极部署出台国家创新发展战略或规划。

　　中华民族自古以来就有重视科技创新的传统，依靠众智取得了一批重大的科技创新成果。改革开放以来，"两弹一星"的横空出世，构筑起捍卫国家安全的

后 记

防线;"神舟飞船"的遨游苍穹,迈开了和平利用太空的步伐;杂交水稻的成功培育,实现了粮食生产的跨越;以华为、海尔为代表的企业傲然屹立于竞争激烈的国际市场。进入21世纪,我国进入了必须依靠增强科技创新能力推动经济社会发展的历史阶段,科技创新受到了党和政府的高度重视。2002年11月8日,中共十六大报告指出,要"走出一条科技含量高、经济效益好、资源消耗少、人力资源优势得到充分发挥的工业化路子",要"鼓励科技创新,在关键领域和若干科技发展前沿掌握核心技术和拥有一批自主知识产权"。2005年10月11日,中共十六届五中全会通过的《中共中央关于制定国民经济和社会发展第十一个五年规划的建议》把提高科技创新能力提到了实现科学发展、推动民族振兴的战略地位。中共十八大明确指出,科技创新是提高社会生产力和综合国力的战略支撑,必须要摆在国家发展全局的核心位置。中共十九大报告再次强调,"创新是引领发展的第一动力,是建设现代化经济体系的战略支撑"。习近平同志高度重视科技创新,围绕实施创新驱动发展战略、加快推进以科技创新为核心的全面创新,提出了一系列新思想、新论断、新要求。

为了更好地服务于上海建设成为全球有影响力的科技创新中心的国家战略,上海大学智库产业研究中心、上海大学产业经济研究中心研究团队共同承担了《科技创新丛书》的策划与编撰工作。《制度质量与高技术产业集聚》为丛书的第七本,《科技创新平台》《中国海陆经济一体化》《创新创业时代》《人力资本流动性的创新效应》《创新创业教育》《技术价值评估》已经出版,后期还将陆续推出《创新创业小镇》《高技术企业集聚》等。

在尤瑞玲博士撰写本书的过程中,得到了她的导师陈秋玲教授的大力支持和悉心指导,华东师范大学曾刚教授、同济大学陈强教授,以及上海大学李骏阳教授、张恒龙教授、吕康娟教授、叶明确教授、殷凤教授等也给予了指导、支持和帮助,在此一并表示感谢!

本书是在尤瑞玲博士学位论文的基础上修改完成的,是尤瑞玲博士倾注心血最多的一本独立专著,该书的写作过程见证了她学术探索的历程,全书的完成和出版是她学术生涯中重要的标志性事件。此外,该书在撰写过程中引用了很多学者的研究成果，大多附在参考文献中，在此对这些国内外专家和学者表示衷心的感谢！由于作者水平有限，且本书涉及面较广，难免有遗漏之处，欢迎告知，敬请谅解！

编委会

2019年4月